真 理

Truth

約翰·D. 卡普托 著

貝小戎 譯

商務印書館

真　理（**Truth**）

作　　者：約翰·D. 卡普托（John D.Caputo）

譯　　者：貝小戎

責任編輯：黃振威

封面插圖：蘇小泡

出　　版：商務印書館（香港）有限公司

　　　　　香港筲箕灣耀興道 3 號東匯廣場 8 樓

　　　　　http://www.commercialpress.com.hk

發　　行：香港聯合書刊物流有限公司

　　　　　香港新界大埔汀麗路 36 號中華商務印刷大廈 3 字樓

印　　刷：中華商務彩色印刷有限公司

　　　　　香港新界大埔汀麗路 36 號中華商務印刷大廈 14 字樓

版　　次：2017 年 5 月第 1 版第 1 次印刷

　　　　　© 2017 商務印書館（香港）有限公司

　　　　　ISBN 978 962 07 5711 2

　　　　　Printed in Hong Kong

目　錄

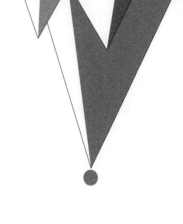

序　言

行進中的真理

　　早上乘車去上班已經變得很平常。但那不是步行，因為我們沒有走路。但它已經變得很常見。我們去哪兒都會乘車。醫生們和公共衛生官員們勸我們出去走走，鍛煉一下，因為我們在生活中坐下來的時間越來越長。但另一方面，久坐並不意味着我們待在同一個地方。相反，久坐意味着我們即使不是坐在電腦前，即使我們在路上，我們仍然是坐着的 ── 坐在汽車、火車、飛機上 ── 膝蓋上擺着筆記本電腦。過去人們住的地方距離他們工作的農田都在步行的距離範圍內，或者他們在跟家裏相連的商店上班。現在我們都是乘車去上班，幾乎去哪兒都要乘車，我們一直在行進。這好像沒甚麼害處，肯定也不需要哲學家的指導。但是，説真的，它為我們對真理的理解造成了一場危機。

過去，哲學家跟所有人一樣，往往都待在家附近。人們都知道，在 18 世紀，康德（一個會出現在所有人的偉大的哲學家短名單上的名字）從未離開過哥尼斯堡。這讓他的生活變得更加簡單，讓他以為其他地方像或者應該像哥尼斯堡一樣做事，如果有甚麼差異的話，這些差異也只不過是這位男性德國哲學家認為是正確的做法的調整。康德閱讀那個年代的遊記作品、船長日記，但他從未看過一艘船的內部。他還是啟蒙運動的一位領袖，這場運動強調純粹理性的普遍標準。但康德的問題是，"普遍的"會萎縮為歐洲的，而"純粹的"往往等於沒遇到過其他人。

　　如今我們不再需要住在距工作地點步行的距離範圍內，只要有旅費，我們幾乎可以想去甚麼地方都行。我們可以像鳥一樣飛翔，去訪問其他國家，穿越大海，更不用說我們通過媒體和網路所做的大量旅行，即使我們待在家中，媒體和網路也能把其他人和其他地方帶到我們跟前。我們幾乎可以在任何時候到達任何地方，旅程越快越好。即時資訊已經成為理想：在一眨眼的工夫以思想的速度到達任何你想去的地方。像那些聲稱知道這些事情的人所說的那樣，這實際上是天使在天上旅行的情形。我們在《聖經》中讀到，在上帝可以使用電子郵件和智慧手機之前，天使們為上帝傳遞即時資訊。即時資訊、即時旅行、即食餐 —— 最後會延伸到哪處？我們在走向何方？有誰知道最後一站的名字嗎，或者最後一站前面一站的名字，好讓我們有一些警示？有人知道如何走下這列火車嗎？

這些好像都跟真理沒有甚麼關係，但實際上，這種沒有終點的旅行給我們最珍貴的真理帶來了一場危機。當代生活的特點是擁有現代交通體系，我們可以利用它去任何地方，還有現代資訊系統，通過它任何東西都可以到我們這裏來，現代生活比過去的生活更加多元化。我們會更多地受到他人的影響，他人也會更多地受到我們的影響。我們強烈地感覺到生活不僅局限於哥尼斯堡或者堪薩斯，感覺到世界是一個非常多樣、多元的地方。這帶來了這樣一種觀念：文化是沒有限度、五彩繽紛的，而不是單一的、純粹的。但它也帶來了麻煩。一方面它造成了社會衝突，因為追求更好生活的人湧入更富有的國家，更富有的國家在全球市場上剝削貧窮的國家。康德預見到了這種情形，稱之為世界主義，把外來者當作宇宙或世界公民，這是一個很傑出的觀點，尤其是因為它出自一個不怎麼外出的人。另一方面，當代生活為哲學家創造了難題，因為當談到真理時，這種多元主義會造成真正的眩暈，這種眩暈被稱為後現代主義。

後現代文化是我們生活於其中的全球化的、多元文化的、高科技的世界。我們幾乎可以去任何地方，在電視或筆記本電腦上看到任何東西，不離開座位就能看見世界另一端的人、跟他們談話——如果說它始於西方工業化國家，現在它正逐漸在全球擴展。這造成了一種跟在哥尼斯堡或堪薩斯度過一生時不同的心靈模式。在高科技世界，不停地接觸當代旅行者看到、訪問的各種文化和生活方式，或者接觸來訪問他們的文化和生活方式，人們就形成了一種很強的差異感。對後現代性來說，差異是一個很時髦的詞。就像對現代性來說，普遍是一個很時髦的詞。我會用現代性來表示啟蒙運動和理性的年代，它最先出現在 17 和 18 世紀的歐洲，隨後決定了當代世界的科學、技術和公民自由。普遍是一種現代主題，差異則是後現代的主題。現代主義者往往認為整體是一個被核心力量統一的體系（如果你還去教堂，這個核心力量就是上帝，如果你不去教堂了，它就是自然），在這個整體中所有的鐘錶和列車都很準時。後現代主義者往往認為，事物是橫向地掛在一起的，像一張網一樣聯繫起來，一個世界那樣廣大的網，對它來說談論誰在控制甚至它始於何處、止於何處都是沒意義的。你怎樣才能到達互聯網的終點？現代主義者更喜歡谷歌地圖抽象的線段；後現代主義者更喜歡谷歌地球鬆弛的地形。現代主義者認為事物是遵守規則的、精確的；後現代主義者欣賞不規則和“混亂宇宙”，借自詹姆斯·喬伊斯創造的一個很貼切的詞，表示混亂和宇宙明智的混合。後現代的理想是“混亂世界主義”。這種後現代效果甚至出現在了物理學中，相對論和量子力學的悖論取代了牛頓理論的規律性，它還出現在了數學中，1931 年庫爾特·哥德爾用他的不確定性定理使經典數學家們感到煩憂。

那麼作為一種思維模式而非文化，後現代是甚麼呢？首先，“後”不是反現代或對現代性做出的進步的反動，也不是某種徒勞地、懷舊地逃回前現代的努力。思考後現代思想最好的方式是把它視為一種風格，而不是一套學說；它是一種調整或改變，是現代性事業的延續，但用其他的方式延續。現代性認為存在着純粹的規則和縝密的方法 —— 在科學上以及倫理學上 —— 後現代性則建議靈活性和適應性。現代性認為事物可以分成嚴謹的獨立的類型，如理性和情緒，後現代性則認為這些邊界是可滲透的，每一側都會滲透到另一側。現代主義者尋找能夠涵蓋所有現象的一個宏大故事，如人類歷史，後現代主義者表達利奧塔（1924—1998）所說的“對元敘事的懷疑”，它成了人們最熟悉的對後現代主義的定義。[1]這意味着拒絕被宏大的、包羅萬象的敘事欺騙，就好像關於人類的行為（性、權力、上帝等）只有一個真正宏大的故事可講。現代性更喜歡普遍性，後現代主義者則盡情享受單一和獨特的東西。現代主義者不歡迎他們的規則的例外；後現代主義者則認為例外是創新的引擎，是系統重新發明自身的機遇。現代主義者追求確定性，後現代主義者則看到了健康的懷疑論的好處。以語言為例，後現代對現代主義的批判就爆發於此，“結構主義者”（現代主義者）潛心設計

1　讓-弗朗索瓦·利奧塔，《後現代狀態：關於知識的報告》，Geoff Bennington 和 Brian Massumi 譯（明尼蘇達大學出版社，1984），23-25 頁。雖然這是後現代最為常見的“定義”，但並非所有後現代作家都贊同它。

統治一切可能語言的普遍法則的深層語法，而比喻和借喻等現象以無法預料、無法編程的方式延伸和歪曲了這些規則，從而俘獲了"後結構主義者"（後現代主義者）的心。

　　所以如果你問後現代主義者，甚麼是真理？他們可能會斜着眼説："那要看情況。"後現代主義者往往不相信有一種叫真理的東西，永遠到處都一樣，他們更傾向於認為存在許多不同的真理，根據你是誰、你在哪裏而定；他們傾向於散漫。那麼問題就來了。對待真理散漫的態度被稱為相對主義——我們要一直記住這一點。相對主義意味着沒有大寫的真理，只有許多相互競爭的真理，依你的語言、文化、性別、宗教、需求、趣味等而定，每一個都跟其他一樣好。誰能説甚麼是真的？誰有權威宣稱這一點？所以批評後現代主義的人擔心會出現最糟糕的情況：相對主義、懷疑論、虛無主義、直率的無政府主義。而且，説真的，許多後現代哲學家製造了這一印象，因為他們一直努力抽空大寫的真理。在 19 世紀晚期，尼采（後現代主義的守護神之一）説，大寫的真理是各種虛構和比喻的集合，我們已經忘記了它們是虛構和比喻。最近，很有影響的哲學家理查·羅蒂（1931—2007）説，真理只是當事情符合我們的信念時，我們對自己的讚美。也許你已經猜到了，他是美國人，一位實用主義者。經典哲學家，尤其是德國人，喜歡大寫的真理（德國人當然是把所有的名詞都大寫），而後現代主義者一般避免大寫字母。

這一切都是因為我們乘車去上班！所以，我們的交通技術不只是一種轉瞬即逝的現象；它們還是後現代主義重要的比喻工具。實際上，這些工具不只是後現代主義的比喻；它們也是後現代世界生活的重要組成部分。換言之，當代交通體系不僅會造成交通擠塞，還會堵住我們的真理觀。我們可以去任何地方這一事實引誘我們認為，怎麼做都行。"怎麼做都行"，這句話濃縮了後現代思維帶來的威脅，它是後現代交通和資訊體系帶來的誘惑。後現代境況是去情境化的、連根拔起的、在路上的。每次我們搭乘火車、飛機，或者在電腦上對遠方作視覺之旅，我們都會引發真理危機。如簡·奧斯丁所說，真理應該是"被普遍承認的"。但今天，我們唯一認可的普遍性是多元性。我們唯一的共識是，我們都是不一樣的。今天如果有人祈求理性的力量，後現代主義者會皺起眉頭問："誰的理性？何種合理性？"如果有人說"我們認為"，後現代主義者會問"哪個我們？"是的，這取決於你是誰、你要去哪裏。所以問題就來了——這是一個可以在長途旅行中閱讀的好問題——在後現代世界何謂"普遍"，在我們首先想到每個人的真理都有權享有它陽光下的 15 分鐘時[2]，"真理"意味着甚麼？

相對主義是後現代主義者對真理形成的主要威脅，就像

絕對主義是現代性形成的主要威脅。接下來我希望能夠避免這兩種威脅，我認為它們都是死胡同。我將主張，絕對主義是智識上的一種威脅，而相對主義被廣泛誤認為是後現代真理的理論，但實際上並未提出甚麼理論。相對主義導致我們不能說任何東西是錯的，但絕對主義把我們跟上帝弄混了。不加約束的相對主義意味着任何東西都可以被當作是真的，我們就站在月台上，提着一個上面寫着"怎樣都行"的袋子。這不是混亂宇宙，這完全只是混亂。如果怎樣都行，你怎麼能說任何東西是錯的？為甚麼不只是說事情是不同的？2+2=5 可以嗎？你怎麼能反對撒謊和欺騙？那些騙取老人養老金的人呢？這個清單可以一直列下去。所以，我們喜歡到處旅行，但"怎樣都行"是一個我們不想去的地方。

我非常喜歡旅行，但同時我想確保我們不會偏離路線。我將為真理的多義、含混、不可編程性辯護，但也要維護說某個東西不只是不一樣、它就是錯的權利，而且不會接受錯誤的絕對主義。所以讓我在旅途的開始就表明我的觀點。我忠於啟蒙運動所做的突破。它把我們從教會、迷信和權威的皇室血統中解放了出來，代之以公民自由、科學研究和技術進步。我沒興趣單純地反對啟蒙運動。但我確實認為，過去的啟蒙運動已經做了它要做的所有好事，現在我們需要一場新的啟蒙運動，不是反啟蒙運動，而是一場新啟蒙運動。我們必須踏上通往下一站的列車，以其他方式繼續啟蒙運動——去認識更加不可編程的、模糊的東西到底是甚麼。這種想法不是去撲滅啟蒙運動的光芒，而是拿出新的修訂版，用影子、陰影、灰色、黑洞和其他意想不到的玄妙、複雜的東西使它純粹的光芒複雜起來。這甚至需要拋棄我的書名 *Truth*，向讀者傳遞一個壞消息：不存在甚麼真理。相反，存在的是 truths，複數的、小寫的真理。不存在 Reason（大寫的理性，至少不存在啟蒙運動理解的大寫的理性），但存在好的理由（reasons）和壞的理由。我想為這些觀點辯護，又不能掉進相對主義者"怎樣都行"的溝裏，這是一個挑戰。

問題是，當說到真理時，這場運動帶來的是一種暈症（暈車等）。生活變得越移動，我們越有可能懷疑以前被認為是真實的只是地方性的，它們讓人回想起我們長大的地方，是我們發源地的地方色彩的一部分，我們越移動它們越會"相對化"。你可能會說，隨着時間的流逝，我們已經開始欣賞時間的進程，欣賞不斷移動的事物，這裏的事物我指的是一切事物。亞里士多德認為，一切都是靜止的，除非有東西移動它們。牛頓認為，一切都是運動的，除非有東西阻止它們。我們已經逐漸意識到，萬物都在去往某處。萬物都在旅途中 —— 一直都是。

過去，每個人都住在距離工作場所可以步行的範圍內，人們過着安定的生活，相對來說總是待在同一個地方，認為地球是一塊堅實的大地，被穩穩地安放在宇宙的中心。的確，在相距遙遠的地方之間有貿易路線和資訊交流，但是非常緩慢、艱難。如今我們意識到地球在動，即使我們一動不動地站着，或者躺着，我們也在搭乘地球這個太空船，隨着它繞着太陽旋轉以及繞着它自己的軸旋轉。當科幻小説家還在想像前往非常遙遠的星系時，我們已經成功登上了月球，使"好奇號"探測器在火星上登陸了，讓衛星繞着地球轉。這還只是開始。地平線在以不斷增長的數量級不停地擴展，不僅在我們的想像中，而且在數學計算上。根據當代物理學的研究，當我們乘着地球這一太空船（它只是宇宙灰塵中的一個微粒）穿越太空時，宇宙的一切都在以日益加快的速度快速地離開我們，這最終會導致無窮的擴展，到最後生命耗盡，變成寒冷、黑暗、死掉的宇宙。那是最後一站。

最終，我們都生活在無法想像比例的爆炸之中。根據物理學家的説法，真正宏大的旅行，一切旅行的旅行，始於140億年前的大爆炸，一個無法想像的能量集中的點爆炸，然後開始劇烈擴張，直到在未來的某個時刻，宇宙將到達熵消散的最後一站。那將使一切相對化！那將使堪薩斯、哥尼斯堡、我們整個的文明、地球飛船、太陽系都變成純粹地方性的、短暫的現象。宇宙尺度的"地方性"。到那時像真理這樣美好的詞對我們還有甚麼用呢？我們所説的真理將似是一日黃花；今天還在，第二天就沒了。我們説的都是死去的語言，我們的人生到了盡頭。

從長期來説，非常長的長期，你今天上午想去哪裏有甚麼區別呢？如果你放不下這個問題，你就沒法繼續生活了。如果你思考它思考得足夠長時間，你會發現早上你都沒法起牀去某個地方。如果我還想繼續移動，我需要得到儘可能多的幫助。為此我會召喚戈特霍爾德·埃夫萊姆·萊辛（Gotthold Ephraim Lessing，1729—1781），他是啟蒙運動中的一個偉大人物，他對我們的後現代境況一無所知，但是他的一些觀點對我們的時代很有啟發，能夠幫我們走過絕對主義和相對主義波濤洶湧的水域。萊辛給我們提供了一些睿智的建議，如降低我們的期待，以適應空間和時間。他說如果上帝的右手中握着真理，左手中是對真理的追尋，然後讓他挑選，他會選左手，因為絕對真理只屬於上帝，他的任務應該是追尋真理。[3] 表面上看，這樣選是浪費了一個很好的機會。畢竟，這麼好的開價才能有幾回？聽上去就像是問你，你是願意永遠坐在火車上，永遠都到不了目的地，還是更願意抵達你要去的地方？這樣說是沒道理的。萊辛的智慧概括起來是：把時間用在四處奔走上，不要為去哪裏而煩憂。他顯然無需擔心早起去上班的事。

但是讓我們走下火車，換一下類比。讓我們假定，在週末我們決定聽從醫生的建議，出去慢跑，一位朋友開車路過，說可以搭你去你想去的任何地方。這是一個很好笑的幫

3　見《齊克果全集》第 12 卷，《哲學片段的非科學後記》，Howard 和 Edna Hong 譯（普林斯頓大學出版社，1992），第 106 頁。

助，但接受這一幫助就會偏離我們的目的。我們不是要去任何地方。或至少是，重要的是去的過程，而不是目的地。現在對於萊辛的想法我們看得清楚些了。這位哲學家說，真理更像慢跑，對上帝來說可能不是這樣，但對我們來說是這樣，我們必須克服在空間和時間中移動帶來的挑戰。

你不用真的相信上帝也能理解萊辛的意思。你可以把上帝當做一個理想的極限點，不管你是否認為天上真的有一個神在俯瞰着地上的交通。雖然褊狹的神學家會覺得這麼說很奇怪，但是如果我們說上帝的意思是一個不用擔心交通的人，這能滿足我們當前的目標。這是因為上帝無處不在（至少我們是這樣被告知的）。這意味着上帝一下子就能知道所有地方的一切事物。另一方面，我們這些下界塵世間的人，每次只能得到一個真理，依賴於我們身處的某個地方、某個時候（語言、文化、性別、身體等）。我們總是"情境性的"，這個情境對我們強加了限制；但是這種限制也給了我們一個進入的角度，一條進路、一個視角、一種解釋。上帝無需角度，但是我們需要。擁有一個角度是真理向我們這些凡人開啟的方式。沒有角度的話表情就會顯得很傻，不解地盯着事物，就像我看到的那些想不出研究論文角度的學生臉上的表情。所以萊辛實際上說的是，說到真理，我們的任務是培養出解釋的藝術，這就是今天哲學家們所說的解釋學了。

解釋學本來是一個神學術語，指的是對《聖經》的解釋。

但是今天解釋學指的是一種更加普遍的理論，一切真理都是一種解釋活動，需要解釋是因為處於特定的時間和空間中，因此具有特定的預設。現代交通和資訊系統已經使我們敏銳地意識到了這一點，因為它我們總是受到各種視角的包圍。在後現代境況下，真理對我們來說意味着甚麼，這是一個解釋學活動，是要學習如何裁定；要明智而審慎地應對差異。

這體現了萊辛說的另一層意思。解釋學的基礎是，存在着大的真理和小的真理，有的非常重要，有的不那麼重要，存在着各種類型、層級和目的的真理，一切都取決於我們的解釋學處境。萊辛像哲學家習慣做的那樣，談的是長時段的真理。他說的不是準時去他的辦公室赴約。他說的是從長遠來看，當說到真理時，對真理的追尋更重要，更重要的是真摯的追尋、我們追尋真理的努力、我們追尋它的方式，而不是結論。旅程比終點更重要。

畢竟，如我們已經看到的，從長遠來看我們都會死掉。有時我們確實需要到達我們要去的地方，但有時我們不是要到達。有時我們需要到達終點，而有時，像醫生說病人患了絕症，我們不想到終點。這也是萊辛的意思。我們是有限性的動物，我們要看這些多重的、相互競爭的真理如何和平共處而不會讓我們陷入混亂。這意味着我們不能像上帝那樣行動，這對其他情境來說也是很好的建議（對我們中間的一些人來說很困難的情況）。這意味着我們不應該要求獲得"一個大寫真理"，讓它嚇住其他真理。上帝也許能做到，但我們做不到。

解釋學是協商多種有限性、小寫的真理，是應對真理變化的浪潮和環境而又不讓 800 磅重的大猩猩走進房間的藝術。在啟蒙運動以前，這個超重的靈長類動物是神學。在中世紀（不僅是那時），如果有人說，"教會教導說……"那往往就會讓房間裏所有的人陷入沉默。但如果說現在還有大寫的真理的候選，那就是科學。科學是我們的大猩猩。只要有人說，"科學說……"我們就會覺得對話結束了。所以我們後現代的解釋學家必須厚起臉皮，願意勇敢面對教士和物理學家，或者更準確地說，願意面對一些宗教人士對上帝的誤用，以及啟蒙運動對物理學的誤用。即使是物理學家所說的萬物理論（Theory of Everything），著名的 TOE，也只是一種理論。它當然是關於萬物的理論，但它本身不是萬物，由於對生命來說不只有物理學，我們需要各種類型的理論。

然而，宏大的萬物理論提出了一個大問題，使它跟宗教爭奪以前宗教所佔據的皇位。它還揭示了宗教和科學之間一個有趣的對比。它們都認為，在我們居住的日常世界，在我們體驗的忙亂、旺盛、吵鬧的多重世界之上和之外，還有一個真實的世界，結果它們就爭論哪個真實的世界真的是真的。一個說真實的世界是數學提供的；另一個說它是天啟提供的。解釋學對這一爭論的貢獻是，說到真理，存在着多種存在方式，我們必須小心人羣中的"霸權話語（欺負人的）"，它聲稱知道一切，能夠識別真實的世界。不管面對的是神學還是科學，一個訣竅是記住萊辛的建議，不要把自己跟上帝弄混了。物理學家可以想出某種關於一切的東西，神學家也許能弄對關於上帝的一切，但那不會使任何人成為上帝。它只是給了他們一個角度、一種傾向、一種解釋，我們需要所有我們可以採取的角度，盡可能多的接近真理的方式，儘可能多的真理，不要被所謂的大寫的、單數的真理引誘，幻想着我們可以告訴真理該去幹甚麼。

接下來我將說明，解釋學或後現代真理理論的任務是，追隨對世界多重的、相互競爭的解釋這齣混亂宇宙的戲。"真理主張"從四面八方向我們飛來——科學、倫理學、政治、藝術和宗教——我們需要躲開飛快的計程車，應對後現代交通的複雜和混亂。這門藝術是跟移動的東西一起移動，這是我們加在古人所說的智慧之上的後現代腔調，古人承認他們是愛智者，在這一點上，我們後現代人也希望跟古人一樣睿智，這要求一種腳步很敏捷的真理觀。如果真理如尼采所說，是一支移動的比喻大軍，我們解釋學家跟着一面旗幟行進，旗幟上寫着"Mutatis Mutandi"（我們需要一個拉丁語的箴言），意思是"隨變化而變化"。解釋學是專為適應高科技的世界而打造的，在這個世界上即時資訊在全球各地像後現代天使一樣飛翔、嘰嘰喳喳，後現代的旅客們乘着飛機、火車、汽車、最後也許是太空船匆忙地奔赴各地。我們說不清我們要去哪裏，或為甚麼去。但是我們後現代主義者對待這一困惑的態度，不是懷念一個更安寧的時代，那時我們在田裏幹活，惆悵地望着頭頂的飛鳥，夢想着自己也能飛。我們能飛，我們能迅速傳遞資訊，就像加百利能夠迅速飛越天空。

也許，如萊辛所説，重要的不是目的地，而是旅程的品質。也許旅程就是目的地。

所以，可以把這本書當做一個你受到誘惑而報名參加的遊覽，暫時放下向你許諾了真理的繁忙的後現代生活。我們將參觀三種基本的真理模型：前現代的上帝即真理；現代的理性判斷何者為真；後現代的作為事件的真理，在這裏上帝和理性都不享有驕傲的地位。但是先提醒你們，這次旅行以問題而不是答案而告結，而且不退票。

第 1 章　現代性和真理的衰退

　　今天不是科學或者至少不以科學為模型的東西還能被嚴肅地當作"真理"嗎？讓我們看看宗教吧（在這裏和接下來都將以它為例，但也可以用藝術或者倫理學為例）。今天一個受過啟蒙、接受過教育的人，去過一些地方，意識到了文化和生活形式的多樣性，還會認為存在着一種叫"真正的宗教"或"宗教真理"的東西嗎？或者啟蒙是不是使宗教觀念淪為了一種幻想甚至是神經症？我的觀點是，啟蒙運動被證明是好事過了頭，成了壞事。它基本實現了它的承諾，使我們擺脱了迷信和君主專制的霸權，代之以科學和公民自由。沒人能夠反駁這一點。但最後它走得太遠了。現代人所説的純粹理性被證明是一種對真理的新統治，讓浪漫派詩人和 19 世紀的哲學家們發出了雄辯、傑出的痛苦的嚎叫。純粹理性容忍不了任何不是純粹理性的東西，這有些不合理。

愚人船

　　讓我們從愚人開始，誰都不想做的愚人。我之前在討論萊辛的論述時說過，為了理解他的意思並不需要真的相信上帝。只要把上帝當做一種極限情形，一種不需要交通手段的存在。要想弄清情況發生了多大的變化，想想曾經，就在不久前，我要是如此輕率地談論上帝肯定不會被輕饒。我解釋我們的真理觀發生了多大變化的結果已經發生了變化。現代之前的生活可以用《聖經》中的一句話來概括："愚頑人心裏說，沒有神。"（《詩篇》，14：1）他們不說無神論者 —— 這個詞到現代才出現 —— 而是說"愚"。如此輕率地對待上帝，或者把自己徹底跟上帝隔絕開來、不去追隨上帝，就是把自己跟真、善、美隔絕開來，這是極其不明智的。注意，《詩篇》中說"愚"，而不是"非理性"。二者有何區別？愚的反面是"智慧"，而非理性的反面是"理性"，而古代人更關心要明智而非理性。不要搞錯了。在古希臘（logos，邏各斯）和中世紀（ratio，理性）有一項很繁榮的事業叫"理性"（邏各斯），以至於它在德國進入了馬丁·路德的內心，馬丁·路德在思考信仰發生了甚麼，這引發了新教改革。實際上，我們所有的學位都用拉丁語表示，就是因為 13 世紀盛行的學術發明了現代大學的原型，所以每個拿到博士學位的人都被稱為"哲學家"。古希臘和中世紀思想家未曾不擇手段地反對理性，但他們把理性整合到了一個更廣泛、更豐富的概念中，即智慧。後來，在啟蒙運動時期，理性得到了一個驕傲的位置，使得智慧坐到了後排。在我正在提出的後現代主義版本（我將解釋，不出所料地，有許多版本）中，這種變化是不明智的。

　　但甚麼是智慧？古希臘人說，智慧是對最高的事物的愛，所有最高級的東西，真、善和美。它包括理性但並不止於理性；它包括真理但不會把真理還原為用理性確立的東西，它沒有把善和美從真當中排除出去。蘇格拉底打擾他的同胞，讓他們為他們作出的人生選擇、為他們珍視的東西給出好的理由和證明，這為他自己帶來了很大的麻煩。蘇格拉底這一做法開啟了我們所說的“哲學”傳統，亞里士多德想出了人類的經典定義：理性的動物。他的著作，跟柏拉圖和中世紀神學家的著作一樣，以充滿論證和理由而聞名於世。但是古希臘人從未忽略智慧，從未忽略把人生作為統一整體來更廣泛、更豐富地感知以帶來更充分的理解。畢竟，我們不能證明一切，證據總要始於某個地方，要有一個被當作已知或顯而易見的前提。亞里士多德說，不去證明一切是受過教育的人的標誌，這個建議對蘇格拉底來說來得太遲了，他因為他那惱人的問題引起的煩惱而被他的雅典同胞處死了。智慧包含定義和證明（真的東西），也包含洞見和直覺；它包含行動、幸福，道德和政治智慧（善），而不只包含專業知識；它包含柏拉圖的這一觀念：被美的事物包圍的人生能提高靈魂之美。

那些努力把這些聚到一起的人，那些在古典時代擁有這一切的人，他們過着美好的生活，是我們所有人的楷模，被稱為"睿智的人"，而不是"理性的人"（或者富人和名人）。很重要的是，要看到這種人不會假裝知道一切。相反，睿智尤其意味着健全地尊重所有我們不知道的東西（一個古希臘的智慧的人永遠都不會主持電視脫口秀）。所以實際上，古代人不會說這些人"睿智"，而是說他們尋找智慧，或者說愛智慧；簡言之，他們是哲學家。哲學家是尋找最高的東西的人，真、善、美的東西被認為是最高的。智慧意味着熱愛所有這些被一起編織在整合的生命形式中的最高的東西，其中每個都被按照合適的比例加以培養。智慧是哲學整體。

你可以看出，在古代，哲學、對最高事物的追尋，並不是大學校園裏的一個學術專業。它意味着一種生活形式，是幸福生活的典範，是跟行動（道德和政治的）與激情（愛、愛欲）相聯繫的，是一種跟生活的樂趣非常合拍的感受力。我們在本書中的任務是找出真理在過上睿智生活中的位置，那些今天在後現代境況下，我們要想做到睿智必須擁有的真理。但是要記住，我們所說的關於真的一切也可以用來談善和美，因為智慧需要這三者結合在一起。熱愛智慧的人能夠引用美國革命者反對英王時說的睿智之語：如果我們不聯合起來（hang together），我們就會被分別吊死（hang separately）。睿智的人知道，真、善、美是不可分割地統一在一起的，在這一點上，我們後現代主義者認為追隨古人是明智的，在這方面他們遙遙領先於我們。

　　睿智跟"愚頑"完全相反。愚人是選錯了的人，他們的人生不合情理。愚人把享樂放在榮譽之前，把富有放在美德之前，就像如今的音樂人和電影明星把天才虛擲在酒精和毒品上。為甚麼要讓稍縱即逝的快感敗壞你的榮耀、你的天賦和你的生命？那很愚蠢。或者，愚人追隨好的東西，但是過了頭，忽略了整體，追求得不成比例，以致損害了他生命的其他部分，就像有人努力在他的行業爭取成功，這本來是好事，但是過於狹隘，以致毀掉了他的健康或者家庭生活，這就不明智了。尼采大膽地批評被譽為哲學的守護神和烈士的蘇格拉底，批評蘇格拉底對定義和證明的愛不成比例，讓他對推理的愛超過了其他一切，沒有考慮到還有一些東西不需要定義，也不能被理性地證明。我們用其他方式"知道"它們。愚人的行動不夠明智，讓自己被一些事物蒙蔽了雙眼，看不到整體、美好的生活，真的生活，在這種生活中，真、善和美並在一處，擔任一個統攝因素，使人類的生活在其上繁榮興旺，它就像我們呼吸的空氣和我們站立的大地。

　　據說在中世紀，西方人會去教堂。繼承自希臘人的最高哲學理想（真、善和美）被統一和實現於《聖經》中的上帝的完美。這導致跟神學（尋找上帝）呼應的哲學在古代和中世紀世界各地偉大的學術中心、在《聖經》的三大宗教 —— 猶太教、基督教和伊斯蘭教 —— 中繁榮起來。如《詩篇》中所説，尋找智慧就是尋找上帝。上帝不單是善、真或美，而是無窮的美、善和真本身集於一身。其他一切是因為被上帝創造、模仿上帝的存在才成為善的、真的、美的，就像鏡子中的許多影子。不追尋上帝、拋棄上帝，就是拋棄最高的東西，把我們的存在跟它的根源和源頭隔絕開來，這是最高程度（或最深的）愚蠢。上帝就像太陽，是我們在其中生活、移動、呼吸的元素，所有有生命的東西都表現出了真理的向日性，拋棄它就會付出生命的代價。

對此聖奧古斯丁（354—430）提供了一個很好的例子，他是希坡郊區主教，是基督教歷史上最有影響的神學家，在本書接下來的部分你還會聽到他的名字。在他所有令人難忘的表述中，再也沒有比《懺悔錄》的開頭更令人難忘的了，他説："你造我們是為了你，我們的心如不安息在你懷中，便不會安寧。"奧古斯丁用尋找來表示人類生活的特徵，他稱之為我們"永不安寧的心"（cor inquietum），其中的"心"的意思是我們的愛和渴望所在的地方，包括我們對真理的愛、激情或渴望。奧古斯丁把人類的生活理解為被永不停息的渴望或愛推動的一場宏大的旅程，地球上的任何東西都滿足不了這種渴望。做人意味着做一個旅人，在尋找上帝的路上，聖文德（1218—1274）稱之為內心朝向上帝的旅程。所有有限（世俗）的善都是脆弱的、暫時的、不完美的，所以只配得上那麼些愛。我們（在地球上）永遠都找不到任何能真正地滿足我們內心的渴望、配得上無條件的愛的東西。就像曾經投資過股市的人可以證明的那樣，我們一得到我們以為會讓我們快樂的東西，我們就會意識到我們希望得到更多。奧古斯丁說，這是因為我們是為上帝而造的，而上帝自己能夠真正地滿足我們的渴望。每當我們渴望某個物質的東西，我們都是在以一種模糊的、糊塗的方式最終在尋找上帝。當我們渴求真理時，我們渴求上帝，哪怕我們沒意識到我們渴求的其實是上帝。這意味着真正的哲學 —— 對真理的愛 —— 是愛上帝。上帝是真正的靈魂之光，在祂那裏我們開始理解事物，就像陽光是我們看見物質的媒介。真理就是上帝之光的作用，它照亮事物，上帝用它啟發我們的心靈，使我們能夠理解真理。上帝不只是真的。上帝即真理。所以我們的內心永不安寧並不奇怪：靈魂接觸到真理的那一刻，它得到了關於某個東西的真理的那一刻，我們就希望得到更多。這些接觸觸發了無盡的願望，觸發了我們對上帝的渴望。如果像愚人在他心中所說的，不存在上帝，那也就不存在任何真理。不僅是少了一個真理，而是根本沒有真理。只有愚人會追尋這樣的一條道路。

現代性

但是現代性改變了一切。在現代，正如康德所說，人性終於長大了，成熟了，而且就像我們剛剛看到的，到了可以拿駕照的年紀了。現代性意味着現代公民自由和現代科學這對雙胞胎開創的時代，它們促進了自由探索，它還是新教改革開創的時代，它促進了個人責任的觀念。它始於 16 世紀的西歐，最終用宗教、政治生活、個人行為和批判性探尋方面的現代民主自由取代了教會和國王、傳統和迷信的霸權，這些都可以濃縮到一句話中：啟蒙運動。啟蒙運動意味着把真理之光照射到我們迄今為止黑暗的環境中。到目前為止，一切順利。沒人反對其中任何一點。但是要注意，現在真理之光的意思是理性之光，而不是上帝之光。之前上帝做的大量工作現在由理性來擔任。在它新的、不那麼受人尊敬的工作描述中，真不再跟善和美一起，像它對奧古斯丁和古人來說那樣，構成一個總括性的地平線或者生命的要素（對它的愛就是智慧），真變成了論斷和命題的特徵。古代人當然清楚關於真論斷的一切。是他們最早把這些理論化了。他們發明了關於有效論斷（邏輯學）的研究，創造了最終帶來現代科學和技術的思維習慣。但是他們也清楚，智慧比邏輯大，他們看到和聽到了真理這個詞中發生的更多的東西，對它們來說，這比單純的真論斷要高深神秘得多。

到了現代，在古代上帝和真理所做的大部分重活都轉向了理性，這肯定不是沒有理由的。我們不會再期盼任何別的東西！我們想站立在我們自己的雙腳上，為我們自己而看，而不是相信別人的話。宗教以新教改革的形式，在這一轉變中起了很大的作用，它強調個人直接面對《聖經》中上帝的話，消除了中間人（教士們）。這為個人自由帶來了一股新鮮空氣。它還帶來了一系列變化，不只是尊重個人的良心、推廣人人識字。路德的聖經學意味着人們要學會讀書，《聖經》要翻譯成人們真正在説的各種語言。這又提高了擁抱新教的各個國家中識字的中產階級的增長，這為接下來工業和商業生活的增長作了準備，而天主教國家使自己處於劣勢，一直威脅要分裂為識字的懂拉丁語的教士和佔主導地位的不識字的普通信徒（或者在法國，分裂為天主教君主政體和主要的啟蒙思想家之間的衝突）。

但是所有這些自由都是要付出代價的──以真理和智慧為代價。用古典的術語來説，理性從智慧中脱離出來，理性最終變成了愚蠢，而真理失去了它的範圍、幅度和魅力。理性獲得了它自己的生命，跟其他一切不成比例，這正是尼采對蘇格拉底的批評。尼采沒有閃爍其詞，他説蘇格拉底式的理性是一個"惡魔"；某一部分過分、失控的生長損害了整體。但我們可以問，我們以理性而非智慧或真理為基礎贊同事物，這會有甚麼區別嗎？

簡單的回答是，一旦理性接管下來，就會發生一種影響深遠的逆轉：真理不再是一個對我們作出的主張，而是變成了我們代表我們自己論斷所作的主張。也就是説，現代性吹噓的"自主的個人"登場了，它是真論斷的作者，真理也不再是太陽了，不再是我們生活於其中的總括的地平線，一種激發我們的愛和渴求的東西。在現代，理性這一功能開始像最高法院一樣起作用，在它面前，其他一切都要是為了被斷定為理性的或真實的，而不是非理性的、虛幻的甚至瘋狂的。理性判斷一個主張是真的還是假的，就像法官一樣。在所有東西取暖的真理的太陽所在的地方，現代性給予好奇的人類照亮事物的理性之光。

發生這種轉變之後，一直用於理解世界的詞語也變了，以前表示一個意思的詞有了新的含義。比如"瘋狂"一詞，它跟"愚蠢"差不多。很能説明問題的是，在中世紀，"瘋子"不被當作"非理性的人"，而是被當作上帝的特殊朋友。有些瘋癲沒甚麼錯，如果那意味着是被上帝弄得精神失常。瘋子聽到的聲音不是被理解為他們腦海中主觀的雜訊，而是天使們在他們耳朵邊的低語。這就是為甚麼國王們經常向瘋子諮詢，而不是把他們關押起來或者送進瘋人院。但是在現代，理性用它排斥的東西比如瘋狂來定義它自身，確立了它的統治，瘋狂成了一種生病的狀況。如法國哲學家米歇爾・福柯（1926—1984）在他傑出的研究《瘋狂史》（1961）中所説的，現代理性創造了"瘋狂"（即想出了這一範疇），並由此創造了它自身 —— 把它自己定義為清醒的，即用它不是的東西來定義自己。[1]這種意義上的一個範疇（一個可以追溯到亞里士多德的詞）是現代性最重要的發明之一。它就像一個桶，可以把東西放在裏面裝起來，如"瘋狂"、"宗教"或"理

1　米歇爾・福柯，《瘋狂史》，Jean Khalfa 主編，Jonathan Murphy 譯（Routledge，2006）。

性"。例如，以前有基督徒、猶太人或穆斯林，而沒有現代性所說的"宗教"。而現代人認為宗教取決於信仰，所以把它跟理性明顯地區分開了。福柯會說，理性得到了把那些被算作知識的東西合理化的力量，每次心理醫生定義一種新的"紊亂"時，我們就會看到這種現象，定義之後就創造了一個新的範疇，它冒充以前不知道的知識，使我們能夠把生活中的一部分視為疾病，以科學的名義監視和控制行為。

真理戰爭：信仰 vs. 理性

在這種變革性的事件中大的輸家是上帝，還有過去真、善、美的融合。我從宗教開始談，不是因為我想為宗教辯護 —— 總體上說我認為宗教應該如此的 —— 而是因為我認為我們需要一種新的真理觀（結果是新的宗教觀，我的大部分工作都將致力於這一方面）。我將證明，可以在我所說的後現代真理感中找到這一觀念。真理應該使我們自由，這是在後現代發生的事情，它把自由從現代過度生長、龐大的理性概念中解放了出來。我要證明，真理不能被局限於啟蒙運動所說的理性的區域中，這不是因為真理在現代以前被等同於無限的上帝，而是因為它本身具有一種不同的無限性，無限的差別和多樣性。它可以植根於許多不同的時代和地方，植根於無窮多樣的背景之下 —— 文學和宗教，繪畫和日常生活，植根於我們說的和做的一切。它可以適應一個到處都是機場和高速公路的世界，一個不停變化和移動的世界，一個具有無窮的差異和多樣性的世界，不能被關在理性的盒子裏。

　　所以，我們首先問一個非常爆炸性的、挑釁性的問題：哪個宗教是真的？提出這一問題是現代性的噩夢——也是所有派對主人的噩夢（會保證你不會再次受到邀請）。實際上，我想説的是，發明現代性正是為了把這類問題關在櫃子裏。在現代，理性是通過排斥信仰來定義它自己的。信仰和理性的區分又可以追溯到中世紀，但在現代，這個區分長出了角和牙齒。它變成了一種前所未有的對立。在中世紀的盛期，信仰宗教的人努力去理解他們的信仰。他們希望給出他們信仰的理由，所以他們就努力去把信仰和理性整合到智慧這個統一體中。但是現代主義者不喜歡類似這樣的混合的東西。所以信仰和理性的區分成了二元對立，這給現代性帶來了一個特別的難題。宗教構成了現代性要去應對的最大、最具時代特徵的難題，所以卡爾·馬克思後來説，對宗教的批判是其他一切批判的前提，是現代性的當務之急。

　　我不是説宗教戰爭並非一直是一個難題，在現代以前它也是一個難題。但是宗教對新科學很低的容忍度給現代問題帶來了特別之處，教會的力量總是能嗅到他們所説的麻煩、其他人所説的進步，他們想盡辦法要壓制科學探究，而科學探究是啟蒙運動計劃的核心。這意味着爆發了另一種宗教戰爭，關於真理的戰爭，這些你死我活的真理戰爭今天仍然會爆發。宗教在中世紀一直都享有驕傲的地位（在現代信徒中仍很繁榮），但現在它不得不面對現代生活變化了的局勢，因為現代性要決定如何應對宗教。宗教和科學的理性對抗起來。我不是説這是壞事，因為這意味着識字的普通信徒開始閱讀、寫作、反駁之前鐵腕的教會，主張他們的權利。一切權力屬於啟蒙運動（幾乎是這樣）。但我說的是，現代性偶然發現的解決辦法是不明智的。它不僅把宗教跟政治權力分開，為現代公民自由爭取了空間，還把宗教跟真理分開了。它説宗教並非一定要跟真理有關，從而解決了決定哪種宗教為真的問題。現代派認為，把“真”一詞跟“宗教”聯繫起來，就像在充滿天然氣的房間裏劃一根火柴，這樣做會惹上麻煩。

可以這樣説：現代人發明了宗教這個範疇，就是為了解決這個麻煩，把這種區分固定下來。注意，我們突然開始像經常説到上帝一樣，經常説到“宗教”，從中世紀的觀點來看，這是一種顛倒。在前現代，“宗教”一詞有着相對受限制的、不重要的意義。比如，在 13 世紀，它基本上意味着某個“宗教修道會”的成員，而不是“世俗”的普通信徒。不屬於某個宗教修道會的教士就是一個世俗的教士，哪怕這個教士是教皇！但是在現代，這些詞語有了它們現在的含義，把公眾、世俗的秩序跟某個人關於上帝的私人觀點區分開來。

理性取代了真理，真理不再是我們在各種活動中熱愛和尋找的東西，而是成了論斷的特徵。在現代，我們只會在教堂裏説“上帝即真理”；在其他時候，我們會説：存在着確認"上帝存在"這一命題為真的理性基礎，這當然就提出了它為假的重大可能。注意剛剛發生了甚麼："上帝"第一次被提到桌面上加以討論。在 13 世紀，如果你説這樣的話，他們肯定已經開始收集木材，為燒死你的儀式賣票了。但是在現代，上帝不再是我們都漂浮於其上的大海，而是成了一種較高的實體，它的存在有好的證據或"充足的理由"，也可能沒有。你看得出其間的差別：一方是對於是真理的上帝的激情，另一方是不動感情地斷定"上帝存在"這個問題為真（或者為假）。就像一個想進入異國的旅行者，上帝突然被要求向理想出示他的檔案。如果你打噴嚏，我説"上帝保佑你"，這是一種感情、一個句子，但不是一個論斷。論斷是"存在一個上帝，祂保佑打噴嚏的人"。它要麼為真，要麼為假，對此我們需要斷定它的充足理由。這把上帝以及"上帝即真理"的主張置於難堪的境地，要服從理性的批准，就像那些保留了君主制的現代民主讓王室對憲法負責任。我不是反對後一種做法。我只是努力弄清發生了甚麼：真理作為生命沐浴其中的光芒，最終把我們帶到了上帝那裏，現在它隱入背景之中，上帝成了一個撫慰打噴嚏者的存在或不存在的實體。

所以理性是現代的創造，創造它在很大程度上是為了帶來清晰和秩序，它是通過排斥某些東西來做到這一點的，被它排斥的首先就是瘋狂和信仰。現代性往往把事物分成兩欄：理性和其他的東西，理性的和非理性的。這是它的致命缺陷，結果是最後理性自己有點瘋了，或有些傻了，或者說有些恐怖了，它壓倒了生活，取代了真理，破壞了智慧，使熱愛真理這一觀念顯得空洞、多愁善感。我說的是，發明宗教這一範疇是現代性的一個決定性時刻，是對真理的致命破壞。我還要說，現代性最激進的工具、最聰明的發明，就是發明了範疇本身：水桶思維，劃分我們的信念和做法，以分析性的明晰把它們區分開來。不再是我們看到的古代真、善、美的統一，各種範疇在獨立的序列中運作，不會互相干涉。乾淨、清晰、整齊、界限分明、有秩序、有條不紊、確定、不含糊——每個東西都有其位置，每個東西都各就其位，所有的列車都準時運行；這是現代性的理想，也正是後現代思維努力通過提高我們對理想的含混的容忍度而破除的東西。

在現代性區分真理和宗教的背後，還有一系列關鍵的範疇被創造出來，讓它能夠運作："公共"和"私人"開始應對宗教的危機。現代性說，宗教是私人的事情。這是一個重大的、史無前例的、改變世界的、西方人所知道的真理歷史上最激進的分裂（這可能並非誇張！）。就好像現代人上去把上帝從天上拉下來，他們擦掉了地平線，抽乾了大海，攔住了太陽。宗教成了私人喜好問題，成了我們在私人時間裏做的事情，它在公共生活中的作用要被仔細監督。這是從未發生過的事情。理查·羅蒂喜歡說，宗教是週末的事情，我們要把它擋在工作日之外，這是齊克果（我們後現代的預言家之一）以"日常"基督教的稱呼抱怨的事情，他說這是需要摒棄的假的東西（後面還要談）。這種對神的觀念會讓古代人目瞪口呆。實際上當蘇格拉底開始提出關於神的問題時，不只是雅典人厭煩了他在大街上打擾他們，從而導致他給自己惹了麻煩；他們還擔心他在打擾雅典人的保護神雅典娜。他漫不經心地對待理性被認為是漫不經心地對待叛國，背叛和危及了城邦。在古代世界，諸神跟社會生活是融為一體的，人跟他們的社會角色是融為一體的。古代人也許為家政（oikos）爭得了地盤，但他們並不像我們這樣區分公共和私人。

這代表了康德闡述得最好的一種思維方式的勝利。我出於多種原因，非常敬佩康德，但是對於這本小冊子，我不敢恭維。在康德那裏，哲學 —— 對如何睿智地生活充滿愛心的追尋 —— 現在的意思是冷靜地、批判地、不動感情地區分範疇，是知道如何劃定界限，是在盒子裏思考的藝術或者填滿水桶的藝術。康德希望看到所有的列車都在正確的軌道上準時開出。或者，換個比喻，在康德那裏，哲學家有點像圖書管理員：如果你想知道某個東西，就上樓去標着科學的區域尋找。如果你想知道該怎麼做，那是道德，它們在樓下，咖啡店旁邊，去找那個看上去表情嚴峻、坐在倫理學指示牌下的人，那類書籍都是關於我們該做甚麼的（純粹義務）。倫理學不是出自知識（科學），而是出自純粹的約束行為的法則，就像是一個隱蔽的命令。如果你想消遣一下，去看藝術類圖書,在三層;那是完全為了形式樂趣的追求,不要跟科學和倫理學弄混了。康德說,宗教可以在倫理學區域找到;宗教只是一個做我們該做的事情的問題(我們的道德義務),但那樣做好像我們的義務是上帝的意志,如果我們喜歡,我們可以自由地去相信,而宗教的其他部分(儀式、教義等)都只是迷信。在康德之後,不需要擁有上帝的先見之明,就能夠看到上帝命運的不祥之兆;早晚會出現一個人宣佈"上帝死了"。

因為康德,以及許多對他懷有感情的當代哲學家,我們開始看到理性變得有些瘋狂、有些愚蠢,可能還有些恐怖了,這是尼采的抱怨。康德所做的區分過於分明,以致他發現他自己不知該如何應對那些想做他們該做的事情的人了。喜歡教學的老師、熱愛護理事業的護士,還有那些因為愛他們的鄰居而滿足鄰居的需求的人,這些人讓康德陷入了兩難。康德說,他們的行為很好,很美,但美屬於另一隻桶,不屬於義務。康德很好地呈現了水桶思維最好(或者最糟糕)的狀態。範疇化功能的過度生長正是哲學家用現代性表達的意思,哲學上的現代性是:批判地描繪被分割開的區域,用哲學巡視着邊境。

真理的衰落

在現代,真理當然沒有被消滅,但是衰落了、被截斷了、裁短了，以適合理性的尺寸。理性不是真理一生中的一個時刻，而是要用理性的標準來衡量真理，上帝是湯中的蒼蠅。從歷史上看，只有一個真正的宗教、一個真正的上帝確實導致了巨大的麻煩，因為關於哪個宗教或上帝是真正的有着不同意見，這造成了流血衝突。所以在現代，宗教被當作是一個意見問題，一個私人問題，要被擋在公共事務和晚宴派對之外。現在我要提出的是：這種解決方法也許很管用、很禮貌、很講政治，但是它不是一個哲學上的解決。公共秩序（理性）就像一個拒絕聆聽案情的法庭。它把宗教之桶踢到了路邊。它拒絕裁定宗教的真假。在宗教問題上，現代性就像一個嘴唇在動但是沒有回答問題的政客。

現代性把和平、安寧的價值放在了真理之前。這是現代民主理論的核心，"宗教自由"，幾乎等於"未被證明有罪前是無辜的"。現代民族國家是世俗的。沒有國家性的神，像保護雅典人的雅典娜女神，也不再有神聖羅馬帝國。再說一次，我不是在抱怨！至少官方說法是，世俗國家是一個中立的公共秩序，它為了共同利益而管理公共事務，把宗教和你最喜歡甚麼口味的雪糕這類私人問題留給自主的個人自己去決定。從原則上說，宗教被以最大限度的容忍來對待，但這種容忍只是禮貌和講政治。也就是說，公共世俗秩序加上最大限度的政治容忍加上最低限度的認識論上的尊重；它授予宗教組織自由、言論自由，但不承認宗教任何真理內容。當宗教話題出現時，強調的是宗教自由，而不是宗教真理。

有信仰的人被自由地授予相信任何超自然力量和他們想要的存在的權利，不管世俗的人認為他們相信的東西有多奇怪，只要他們不因為他們相信的東西而殺人、不去控制那些認為他們的信仰是幻覺的無信仰者的公民和政治生活、不在晚宴派對上提出宗教問題。

　　我不是要提議回應神權政治，只是認為這種解決辦法有些問題，其中一個問題是，那些各種宗教之中的人，至少是核心信仰者，有着非常不同的自我理解——他們認為他們的宗教是真的（雖然今天我們見證了越來越多的信徒從宗教內部表示懷疑）。這時就變得不愉快，甚至容易爆炸了。這個問題叫作宗教多元論。它是一個真理問題，是當今最惱人、最具時代特徵的問題。一個很誘人的說法是，在古代多神論的美好日子裏，生活更簡單，人人都有他們自己的神，誰都不會想着去競爭。古希臘人的神是地方性的，而地方性的神是當地社會生活結構的一部分，是當地風景的一部分，全面地嵌入了城邦的風俗、價值觀、語言和地理之中，是他們的身份認同的根源，當地人聚在這之下尋求保護。古代人沒有把真理從宗教中剝除。他們假定了神的多樣性。所以他們可以說，所有宗教都是真的，他們可以一本正經地這樣說。現代性努力要解決的問題是一神論帶來的問題，認為只有一個真正的上帝，這幾乎等於說只有我們的上帝才是上帝。因為實際上，一個真正的上帝結果總是我們的上帝，宗教真理成了一個零和遊戲，我們的宗教之真要以其他宗教被證明為假為代價。這是麻煩的根源。羅馬人雖然很殘暴、很帝國主義，但是他們是多神論者，允許猶太人有他們自己的神。猶太人認為他們只有一個神才能生存，這對羅馬人來說沒甚麼問題，但是他們感到不解，猶太人為何認為他們的神是唯一的，唯一真正的神。這正是後現代的真理觀要解決的問題，認識到差異和多樣性是當務之急，真理有一定的彈性，使得它可以採取多種形式。羅馬人無意中向我們提供了與宗教多樣性共處的一個藍本。

如今，如果堅持要求一個當代西方民主國家的公民回答宗教真理問題，作為寬容的真正的民主社會的人，他的第一反應會跟羅馬人一樣，說所有宗教都是真的。宗教是個人意見問題，所以如果你的宗教對你管用，那就行。當說到宗教時，這就是"真"的含義：它對你來說管用。相信你喜歡的東西，只要你不變得暴力或者用它來煩我們。關於藝術，人們也是這麼說的，藝術就是週末去參觀博物館，在海灘上讀書，也就是說，它跟真理是分離的。當然，如果你堅持問他們的意思，他們的這場寬容秀就會顯示出其空洞。他們的意思是，沒有甚麼宗教是真的。實際上，他們只是要表現得禮貌或文明，努力跟你相處，但是他們的本意不是這樣。他們認為，實際上他們認為在宗教上沒有嚴肅的"真理主張"，只有不同的歌謠集、故事、儀式和感受；各種偏好和趣味，各種度過星期五、星期六、星期天上午的方式，包括睡懶覺、讀《星期天泰晤士報》，而不是強迫自己去做禮拜。所以現代多元主義跟古代的多神論有很大不同，在古代宗教是民族認同的一部分。在多神論的美好舊時光裏，所有宗教都真的被認為是真的，因為存在許多神，每一個神都是地方風景的一部分，就像當地的高山或溪流。但多元主義的現代問題是在處理多種宗教傳統時，每一個都認為他們的宗教才是真的，在宗教真理的零和遊戲中，如何維持公共秩序，如何避免引發又一輪十字軍東征。這種現代宗教真理觀就像是裝滿汽油的房間裏的一根火柴。

保守派神學家敲響了他們的宗教真理的部落之鼓時，各種偉大宗教中的進步主義的思想家跟我們一樣，想平息這些問題，他們提出了許多辦法。20 世紀最具進步精神的羅馬天主教神學家之一卡爾・雷納（Karl Rahner， 1904—1984）提出，各種信仰的人都信仰得很好，就跟基督徒一樣，所以他們是"匿名"的基督徒，跟基督徒一樣好，是不知道自己是基督徒的基督徒。雷納的意圖是好的。他看到宗教是一個有多條行車道的高速公路，有許多車在開往同一個方向，他準備好了被一個佛教徒稱為一個匿名的佛教徒。但這是一個時運不佳的提議。這就像告訴女性，她們平等權利的要求是正當的，因為她們是"匿名的男性"。同情這些進步主義神學家面臨的問題是簡單的。他們在努力把現代民主的寬容最大化，但是如果為了和平、公正和寬容，他們走得太遠，弱化了那個唯一真正的宗教，他們最終就會失業。所以他們總是限制他們的寬容，以便仍然忠實於他們自己的羣體，同時很容易認識到，其他人信仰其他東西就跟他們一樣真摯。他們呼籲全球對話，邀請所有人提出他們自己厚重的信仰。本着友好精神，他們握手，熱切地指出一些重疊共識。第一輪會面會非常順利。但是到了最後，每個立場上不可談判的東西出現了，他們再次握手，喝了道別酒，只能同意可以不同意別人的立場，而不是發動宗教戰爭。最後，他們也選擇了現代的政治解決方案。

我認為這都是源於錯誤的宗教觀、錯誤的宗教真理觀，最後是錯誤的真理觀。

第 2 章　我們該如何應對
　　　　　宗教真理？

宗教、青蛙和世界的除魅

　　有一天，我們的一個孩子放學回到家後對我們宣佈，他是一個無神論者。我作出了兩種反應。首先，我說，永遠都不要把這個消息告訴你的祖母。其次，永遠都不要回家告訴我你是一個共和黨人！我一直很自豪我是如此反應的，這能讓你知道我説宗教時指的是甚麼。當我説宗教時，我的意思是奧古斯丁所説的在一個神秘的世界上，內心永不停息的追尋，而不是所謂 "認信性（confessional）" 宗教的儀式、教義，甚至贊同認信性宗教所説的上帝。如果你沒有我所説的這種宗教，那麼你做的唯一的追尋發生於購物中心。在最好的狀態下，認信性宗教體現的是這種追尋。在最糟糕的狀態下，它們阻止了這種尋求。開展我所説的這種激進的宗教追求唯一的方式是避開認信性宗教。所以我更關心孩子祖母的感受，而不是我兒子是否相信一個叫上帝的存在。我更關心他是否有同情心，是否關心人羣中的弱者，而不是他是否擁護某種認信性教義。

我提出宗教——冒着把哲學家趕出房間的危險——是為了着手考察我在本書以及我的許多著作中想處理的問題，即我們需要一種思考真理的新方式，要找出一種跳出現代性這個框框或水桶的道路。這條道路"愛真理"並且為"追尋智慧"留出空間，但又不輕率地後退到對前現代世界的懷舊，還意識到前現代性跟後現代性以一種重要的方式相互溝通。我們要恢復真理這個詞丟失的效力，同時又不丟掉現代性所作的努力，如今現代性已經被理性弄得暈頭轉向的了。我們必須善於兼顧，讓許多球都在空中，舊的和新的，真、善、美，信仰和理性。這反映了"後現代"一詞的原意：這個詞最早是建築術語，指現代主義者刺目的線條和老式風格的融合，就像一個讓人想起哥德式教堂的玻璃和鋼鐵建築。

我認為宗教真理是一個核心問題。我作為職業哲學家的工作核心就是研究後現代境況下的宗教，我提出，後現代性通過批評現代性過度的理性主義，已經開啟了所謂的"宗教的回歸"。但是我還認為，回歸的宗教應該比宗教法庭或聖經確信主義更開放，以防後現代理論被用作撤退到傳統宗教信仰的安全範圍內的藉口，或用作齊澤克所抱怨的教派紛爭的理論支持。在本書中，我提出，我們應該像生態學家那樣關注宗教的進展，生態學家關心青蛙的命運，它們種羣數量的減少擴大到關係整個生態系統內發生的情況。所以，帶着我對我的信徒朋友們適當的敬意，我把宗教視為我的青蛙。每當一個關於真理的重大問題出現，觀察事情進展的線索是觀察關於宗教的言論。

今天，像"愛真理"這樣的語句聽起來就像空洞的修辭，其中一個很大的原因是因為我們把真理從宗教中抽了出來。如果我們能弄清現代人款待和虐待宗教的方式的優點和缺點，我們就能看見現代性、智慧在現代世界被限制和截斷的命運帶來的所有問題。有趣的是，宗教是一個龐雜的現象，知識（真）、倫理（善）和藝術（美）這些元素都聚集在其中，智慧的所有三種成分融合在了一個複合體中，所以宗教為理解更寬廣的文化中發生的事情提供了線索。我是説，我們關於宗教的觀點重複出現在藝術、倫理等領域，出現在一切組成我們關於人生的更寬泛的概念中。我的假設是，宗教是旅行以及真理的陣痛的線索，不是斷言之真[1]，而是如齊克果所言，讓人熱愛、讓人為之生、為之死的真理。

我將試着讓舊的真理觀和智慧觀東山再起，但是現在要

1　在哲學家中最常見的真理理論是"反映"理論：一個斷言（"S 是 p"）反映或者突出（對應）外界的一個事實（一個 Sp）。

讓它們戴着後現代的帽子。挑戰在於，要找的是跟真理和智慧在古典時期扮演的角色在後現代的對應者，又不會把我們拉到國王的神聖權利和神權政治的危險浪潮之下。我們不能變成前現代，我們也不想那樣做。沒人想放棄言論、集會、信仰自由，以我來説，我也不會放棄空調。但是現代寬容宗教真理問題這樣的解決方法是假的、人為的、人造的、是一個詭計，是一層抽象、形式化的區分，你只要去一趟現實世界它就會斷裂。我這麼説主要不是因為我認為現代性對認信性宗教有害，它沒有受到現代性的公正對待，而是因為後現代沒有跟宗教真理對應的東西，沒有我將要説的宗教的"重複"，造成了"沒有宗教的宗教"，我們這是在傷害自己。他們在現代想出的解決方案需要一個後現代的修正，使真理能夠在多元背景和境況下移動，而不是被限於單一的方法、被唯一的包羅萬象的大寫的真理監督着。

現代性努力向我們兜售一系列善；它截短了我們的真理感，扭曲了我們的智慧感。宗教（跟藝術、倫理和其他一些東西一樣）不只是私人的、（暗含着）非理性的一套深入了一些人頭腦的瘋狂的觀念。也許"宗教"就是這樣的，這是現代性建構的宗教，但不是宗教真實的情況，這是我想指出的（充滿愛的追尋，永不停息的內心）。宗教的關切靠近我們的內心，不然我們就是機器人。就是這麼嚴重 —— 宗教或機器人！我覺得《太空堡壘卡拉狄加》最有意思的地方在於，機器人居然有宗教；實際上，他們是一神論者。在那部電視劇中，一神論者是機器人的；多神論是人類的（顯然是喜歡多神論的後現代人性）。當我說機器人時，我的意思是，在現代性推廣的人類生活的圖景中，真理好像是理性問題，好像理性是脫離肉體的理智，就逐漸累積的事實作出不動感情的判斷，其他一切都只是主觀的嗡嗡聲。所以，把機器人添加到關於現代性的抱怨的清單裏吧。如果我們更仔細地思考宗教真理，我們就會想出一個更流動、更環繞的真理觀——它還將為一個合理的理性和科學觀留出空間。我還想挫一下啟蒙運動的大寫的理性（Reason）觀的銳氣，擦掉大寫字母，把它變成複數（reasons），使機器人無法正常運轉，為宗教、倫理、藝術和其他所有對我們當代文化重要的東西留出空間。

社會學家馬克斯・韋伯（1864—1920）——不是德國和奧地利現代鐵路的發明人馬克斯・馬利亞・馮・韋伯——用"世界的除魅"來表示真理在現代的收縮或衰落。[2] 他說，隨着我們日益促進理性的利益，世界——以及人生——失去了它的魔力。我們最珍貴的價值撤退到了私人生活中，使公共廣場變成了價值中立的。魔力聽上去就像一種可以被固執的理性主義者當作迷信而擦掉的東西，但這是一種倉促的判斷。當愛失去其"魔力"後，愛就消逝了。所以韋伯的觀

---

2 見《以學術為業》，《馬克斯・韋伯：社會學論文》，H.H. Gerth 和 Wright Mills 主編（Routledge，1948），第 129 頁。

點的重要性在於，他觸摸到了我們不停息的內心這一問題。在現代我們丟失了我們的內心，丟失了我們的人生樂趣（joi de vivre），丟失了我們珍愛生命的理由，人生失去了它的魅力。希歐多爾·阿多諾（1903—1969）和馬克斯·霍克海默（1895—1973）是一對受到韋伯影響的新馬克思主義者，他們談到了"啟蒙的辯證法"，意思是我們越是推廣純粹理性，世界越是變得非理性、"野蠻"（把它增加到瘋狂、愚蠢、機器人之後）。[3] 他們所說的理性是工具化思維或手段—目的思維。只有某個東西是一個目的的有效手段時，我們才有理由說它、做它。它必須從屬於成本—收益分析，有回報和收益；它必須帶來一個結果，來證明我們花費時間和體力的正當性。這帶來了一個一切都是手段的世界，但是我們越來越說不清目的是甚麼。沒有甚麼是神聖的。神聖的不是說有人給它燒香，而是因為它本身被珍視，或被熱愛。我們都瘋狂地四處奔忙 —— 隨着現代交通體系使我們能去幾乎任何地方，我們變得更瘋狂 —— 但是我們說不清我們要去何方。每個人都很忙；沒人知道我們在做甚麼。就像那個好消息／壞消息的笑話，當船長對乘客們說，好消息是我們正在飛速前進，壞消息是我們迷失了方向。這就是古代人所說的愚蠢，缺少智慧。簡而言之，純粹理性把我們逼瘋了 —— 原因是這背後的真理感遭到了侵蝕，真理感是更寬廣的人生地平線的

---

3 霍克海默和阿多諾，《啟蒙辯證法》，Gunzelin Schmid Noerr 主編，Edmund Jephcott 譯（斯坦福大學出版社，2007）。

一部分。

我說到阿多諾和霍克海默是新馬克思主義者，因為資本主義是工具理性的完美例證。不去管它的話，結果就是戈登·蓋柯所說的，"貪婪是好的"。除非你真的讀過馬克思的《〈黑格爾法哲學批判〉導言》，不然你可能不知道，在馬克思說宗教是人民的鴉片之前，他說宗教是無情世界的心境。

"宗教是被壓迫心靈的歎息，是無情世界的感情，正像它是沒有精神的制度的精神一樣，宗教是人民的鴉片。"卡爾·馬克思，《〈黑格爾法哲學批判〉導言》。我不是否認馬克思是在批判宗教是一種依靠，但他其他的話是說被壓迫的人、那些需要依靠的人的歎息值得被聽見，不受限制的資本家的理性的兇殘邏輯 —— 每一項投資都應該有回報 —— 造成了不公正（韋伯加上了除魅）。馬克思說，我們應該聽見那些歎息並作出回應，不是用更多的宗教而是用經濟上的公正來回應。但我的問題、後現代的問題是：在宗教和經濟、利潤和先知之間有着明確的區別嗎？如果我們熱衷於公正，那是一個經濟問題還是一個宗教問題還是兩者都有點兒（水桶的混合）？這就是為甚麼馬克思有時被認為是 19 世紀救世主式的唯物主義者，無神論的猶太先知！這不只是一個好句子，一個聰明的俏皮話。這是我的觀點。它抓住了一些重要的東西，因為對猶太先知來說，上帝最重要的名字是"公正"，所以如果卡爾曾經在放學後宣佈他是一個無神論者，馬克思媽媽一點兒也不用擔心。

重複

　　關於"重複"我還要再說說，但是一開始就值得指出我用這個詞表示的意思。《哈姆萊特》的歷史，它的表演史，對這部不朽經典的眾多解釋，就是重複的一個例子。重複源於這樣一個背後的真理：這部戲跨越了一代又一代人，在變化的時代不斷為不停變化的觀眾重演。這就是為甚麼我們一開始說真理是在行進中的。它不會被限制於一個最終的、固定的形式；它是自我轉變的，處於不斷地轉變之中 —— 當代交通系統和資訊技術讓我們敏銳地意識到了這一特點。所以，卡爾・馬克思對公正的激情也是對他骨子裏的上帝先知般的激情的重演（他出身於拉比世家），這種激情源於對寡婦、孤兒和陌生人聖經式的關心。馬克思在一個要求經濟公正的背景下"重複"了這種聖經式的激情，這導致了對馬克思更"後現代"的觀點的問世，在這種觀點下，現代性在經濟和宗教、有神論和無神論、信仰和理性之間畫的線開始模糊了。我認為這種模糊是後現代光芒的光輝，是"新"啟蒙運動的光輝。我作為哲學家所採取的立場是，如果我們可以先模糊、接着埋葬這種區分，尤其是被嚴厲地強加的有神論和無神論這對已經不再有用的範疇，如果我們成為"後有神論者"，我們就能更接近我們的生活發生的變化。然後我們可以重建在現代被割斷的真理和激情之間的聯繫。有一種宗教真理感、對公正的宗教激情，馬克思這位著名的無神論者對它很尊敬（並重複了它），如果我們切掉它，就是切掉我們的心，變得對不公正麻木不仁，剝奪了生命的激情——對公正或其他東西的激情。當然，我們不可能徹底清除這種基本的激情，但是我們可以壓制它，那樣足夠有破壞性了。我們都會成為戈登・蓋柯，如果不是已經成了他的話。

我希望我已經說明了，我感興趣的不是認信性宗教，而是在宗教內部發生了甚麼。我也希望認信性宗教已經走完了它的歷程，我們可以跟它說再見了——以上帝的名義——但是並非這麼簡單。當我說某個東西內部發生着甚麼，這主要說的是真理的意思。認信性宗教是必需的惡，就像政黨一樣，是民主或政黨需要用於去做事情的工具，但也妨礙了它們要去做的事，因此也妨礙了它們完成自己的大事。真理不是發生了甚麼，而是發生於正在發生的事情內部的東西。所以，思考作為事件的真理，就是思考某種發生於某種東西內部的東西。真理是努力成為真的過程。民主的真理——這無疑不是一個隨機的例子——就是它的努力成為真的，不斷地變得民主。在宗教中努力成為真的真理是充滿激情地追尋我們最關心的東西，是在一個神秘的世界中我們永不停息的心。

我完全贊成真的命題，越多越好。我不反對命題之真；我認為真理不能局限於命題。我認為，真理可以發生於任何地方，包括在宗教中。我不相信天使或惡魔，不相信上天堂和下地獄，不相信人類和超自然之間存在關於永恆救贖的談判。但是我相信，某種東西在宗教敘事中被說了出來，其中有一些虛構的存在，不能用真論斷的標準來判斷。把真理限制於真論斷是不必要、不合理的，也是愚蠢的。我認為偉大的宗教敘事不過就是敘事，但是 —— 除非我們是傻子 —— 我們應該知道，敘事是非常重要的、感人的，我們不應該讓我們對電腦程式、智慧手機和空調的感情遮住了它們。敘事告訴了我們一些關於我們自己的東西，有時是鼓舞人心的東西，有時是我們不想聽到的東西。如聖奧古斯丁所說，真理永遠都不是中立的；它要麼是我們熱愛的，當它告訴我們一些我們不想聽的東西時，它是我們憎恨的東西。所以告訴當權者真理需要勇氣，會讓我們付出沉重的代價，這是福柯非常感興趣的真理的一個意義。[4]

我認為惡魔和天使是虛構的，但是我不認為虛構是真理的死敵。小說中說出了深刻的真，雖然我們不期望一部小說或一首詩是真實的，但我們知道，除非我們是特別遲鈍的讀者，它們是具有另一種真理的真，《聖經》就是這樣。所以我不相信惡魔和死者重生，就像我看到《簡·愛》戲劇性的結尾時一樣，簡聽到羅切斯特在遠處喊"簡，簡"，我不

4　福柯，《真理的勇氣：自我和他人的管制》，Graham Burchell 譯（Palgrave Macmillan，2012）。福柯想用 parrhesia 這個古老的名字來恢復講真話的美德，大致可以把它譯為"說出一切"、"放膽"。

相信簡能夠聽到幾英里外發出的穿越曠野的聲音。我沒那麼傻。除非我們對小說一無所知，尤其是像這部小說這樣的哥德式浪漫愛情故事，其中會發生許多有幽靈的故事，不然我們知道要懸置我們的不相信，不要去關心事實。在這裏，事實真理是愛的溫暖所戰勝的冰冷的現實。確實，福音書既不是虛構，也不是現代意義上的歷史。它們是一種公告，"好消息" —— 想想一首關於傳奇英雄的民歌 —— 其基礎是一個人們發誓他為真（把他當真）的人物的歷史記憶。重要的是：真理出現在誓言中，出現在信仰者的生活中；它不是在反映現實物體的真命題中發現的，比如一條真的吞掉了一個叫約拿的人的真鯨魚。

所以，你看到了，我對待真理的方式是有意要讓一些教士感到不安（雖然不是所有教士，也肯定不是邀請我去他們的集會上發言的那些教士！）。宗教跟藝術一樣，是關於生活的，關於幸福的，關於最深刻的問題的，關於保羅・蒂里希（1886—1965）所說的"終極關懷"問題的，他是 20 世紀最偉大的新教神學家之一，一位逃離納粹德國的難民，他在美國任教，引領了進步主義的對宗教的重新思考。[5] 宗教吸引我們最深層的確信和對生與死、疾病與健康、孩子與老人、愛與敵對、戰爭與和平、仁慈與同情最有激情的信念。

5　保羅・蒂里希，《信仰的原動力》（HarperOne，2001）。

所以信徒們能把他們的一生都用於為窮人、病人效勞，關心非洲的愛滋病人，這也是為甚麼另一方面信徒們也會在不能容忍的怒火之下燒掉整個地方。宗教是不可簡化的既是這個又是那個，消除怒火唯一的方法是消除激情；但是如果你消除了激情，你就消除了宗教。只要有宗教，只要有激情，公正的機會就總是伴隨着不公正的危險。沒有甚麼是安全的。但是，一旦我們開始把真理逐出宗教，在現代往往就會發生這樣的事情，我們就將開始使我們的心變硬，使我們的心靈枯竭。這就像因為預算上的原因把藝術和文學從課程中丟掉。一旦我們説這種深層、基礎的事情涉及的是一種被理性排除了的信仰、被事實排除了的虛構，我們就會顯得很蠢。那等於説最接近我們內心的是距離理性最遙遠的。

正是由於這種現代的心智，我們今天正在目睹宗教極端主義的暴漲，它是對這種現代性造成的邊緣化和淡化的暴力反應，反對開除這種接近我們的內心的東西，我們正在漂向新一輪戰爭的方向。當人們臉上蒙着面紗或者周日上午去教堂時，他們在幹一件很重要的事，而不是因為他們聽到了天上超自然存在的召喚（就像簡聽到羅切斯特先生的召喚一樣），但是因為他們的心在永不停止地追求一種他們不知是甚麼的東西，現實世界無法讓他們感到滿足。如果我們看不到這一點，我們就成了觀看舞蹈但聽不到音樂的人。當我説某種“不知是甚麼”的東西，我説的是萊辛所描述的對真理的追尋。真理是一個進展中的作品，我們看不到我們開展的旅程的未來，只能對"未來總是更美好"抱着一線希望。

　　所以我提出的後現代問題是：既然多神論看上去不準備回歸，是否存在某種宗教真理觀，我們在為它辯護時不會毀掉政治的解決，使認信性宗教的雙手遠離公眾的口袋 —— 不捲入可能致命的真正的宗教這一概念？繼而，是否存在宗教真理或真正的宗教？我的回答是，唯一真正的宗教這一概念是一個概念上的錯誤，是對真理宗教感的誤解，就好像各種宗教在參加一場比賽，它們必須想出一個神秘的詞（基督、安拉、毗濕奴等）才能獲獎。這個錯誤就像是尋找唯一真正的語言，或唯一真正的藝術品，或根據聲波物理學來評價《簡・愛》一樣。但存在着一種叫宗教真理的東西，我們可以從"我發誓"這種表述中看到。在那種情況下，我們說的真理是一件要去做的事情，我們必須讓它成真的真理，我們發誓它是真的真理，它培育了一種生活形式。我認為沒有這樣的真理，沒有某種宗教的後現代重複，沒有哲學家雅克・德里達所說的"沒有宗教的宗教"，我們就不完整了。我們將失去跟古代人所說的智慧對應的東西。古代人把真理跟激情聯繫在一起，而我們解除了它們之間的聯繫。對宗教真理來說是真的，對藝術、政治和倫理也一樣，還有許多其他事情，都反映了後現代場景：真理中充滿着啟蒙運動的理性，並允許其他各種真理蓬勃發展。

　　後現代的思路不僅允許更多友好的晚宴派對，它在哲學上比單純的政治握手、同意擱置分歧更令人感到滿足。我們不想破壞現代性把我們從教會和國王那裏、從迷信和狹隘的傳統主義那裏解放出來的承諾，當我們下回需要做手術時我們並不想放棄現代麻醉學。但是當我們談論啟蒙運動時，我們希望變得更加啟蒙，當我們談到科學時要少一點天真，當我們談到宗教、藝術和倫理時，更不用說談論日常生活時，我們要少一點愚昧，這些都是以真理的名義。我們後現代派不信任現代性隨身攜帶着的水桶。這種不信任會使我們超越不帶感情的相互容忍，使我們能夠更敏感地欣賞宗教之中發生的事情，欣賞它們包含的充滿激情的追尋，以及更敏感地欣賞藝術和倫理。在我看來，後現代主義還意味着後世俗主義，世俗主義是現代性的詭計，是水桶思維的產物。如果我們開始從內部理解宗教而不是從外部看信徒，不要把信徒看作其受騙的權利得到憲法保護的受騙的人，我們就能更好地理解真理。我提議從哲學上解決這一問題，作為其政治解決的補充，哲學的解決會強化政治的解決，而不是削弱它。同時既超越過分嚴格的機械呆板的理性觀，又超越一種生硬的宗教觀：認為宗教在形式上是受保護的權利，實質上是妄想。

為了讓這一切有效，我需要一個"重複"的好例子。你可能會覺得，我早就準備好了這樣的例子。

第 3 章 不要去管真理：奧古斯丁、德里達和後現代轉向

　　我承認我很喜歡我的這個例子，它通過比較宗教真理 —— 以及我假設的一般真理 —— 的形式來說明真理在現代的遭遇，比較它在現代性興起之前以及現代性的控制鬆弛之後宗教真理能夠採取的形式。所以，在這一章，我會想像一種不可想像的友誼，一個最古怪的組合，最偉大的"教會神父"聖奧古斯丁和哲學家雅克・德里達（1930—2004），是德里達提出了非常異端的"沒有宗教的宗教"。思考這個奇怪的後現代插圖能得出的教訓很有挑戰性但也很簡單：不要去管真理。為甚麼人人都堅持要告訴真理去做甚麼、如何做？為甚麼不聽任真理去成為它將成為的樣子？為甚麼不承認是真理在引導而我們在追隨？即使（尤其當）那意味着真

理能夠做出不可預見的轉向——讓純粹理性感到不快,它就像一位嚴厲的校長,覺得自己必須遏制一切情緒的外露或凌亂的跡象。當說到真理時,我們必須作好吃驚的準備,如愛麗絲所說,讓事情變得"越來越奇怪",她好像對真理奇怪的表現略知一二。

德里達對奧古斯丁的重複

所以,在這裏我想給兩位"宗教"人物畫一幅獨一無二的後現代肖像:聖奧古斯丁,無論在誰看來都是西方歷史上最重要的宗教人物之一,他生活在現代世界很久以前;還有雅克·德里達,人們認為他一點也不宗教,是後現代主義的先驅之一,雖然他拒斥這種描述(這個範疇,這個水桶!)。這兩個人,中間隔着鴻溝,德里達出生於奧古斯丁去世整整 1500 年之後,還隔着很深的文化裂痕,但他們被出生這一偶然事件給聯繫起來了:他們出生的地理位置。奧古斯丁生於羅馬的努米比亞省,即今天的阿爾及利亞,德里達也剛好出生在那裏。此外,跟今天一樣,活動穿越了地中海,到了大都市,如"大蘋果"(紐約),對奧古斯丁來說就是羅馬的帝國世界,對德里達來說是巴黎。二人都離開了他們流淚的、保護他們的母親,登上了開往歐洲南部海岸的船隻,前往大都市(並且在這一過程中他們很愉快,雖然他們都暈船)。這是重大的旅程,充滿了真理事件的含義,是我所關心的真理事件。

奧古斯丁希望在米蘭建立他的事業，它是羅馬世界的大都市中心，他想在古老的帝國系統裏沿着地位的梯子向上升。但他的計劃被他改宗基督教而打斷了，導致他放棄了他的帝國野心，把他的一生獻給了教會。他在教會中成為一名教士，可以說是對基督教神學後來所採取的形式決定性的建築師。他在他的《懺悔錄》中記錄了他四十歲出頭之前的生活，包括他著名的改宗。《懺悔錄》是西方已知最偉大的宗教文學之一。這本書是作為第一部自傳而出名的，但在最嚴格的意義上說，他是向上帝、向祢（te）的祈禱文，"祢"這個字在書中出現了數百次，它是向"祢，我的上帝"的祈禱。如果我們出現在《懺悔錄》的現場，我們讀者會看到一個人在祈禱，他背對着我們，我們聽到他向上帝說的話。

奧古斯丁為甚麼要向上帝說這些話呢？因為無所不知的上帝已經知道了他將要懺悔的一切？首先，他是在寫作的時候這麼做的，這是為了讓讀者得到好處和啟發，以便讓我們知道在他的一生中很起作用的上帝的恩典。但這也是為了奧古斯丁自己的好處，它揭示了懺悔所包含的真理的特殊模式。懺悔不需要是披露目前被隱藏或未知的資訊。我們也許已經非常清楚懺悔中包含的真理。如果我知道一個小孩做錯了甚麼事，我希望這個孩子懺悔，並不是為了教誨我們，而是為了教誨那個孩子，以便他能夠理解他的行為，繼續往前走。懺悔的真理不是全面披露的真理，而是奧古斯丁所說的"踐行真理"，要去做或踐行的真理。他的懺悔是這樣的懺悔，通過懺悔我在做一個東西，做一本書，產生公告檔形式的真理，可以供所有人閱讀；另一個含義是，他是在做一件事，即做一次懺悔。奧古斯丁不僅製作了某個用文字做的東西，而且用他的詞語做了一件事，就是英國哲學家奧斯丁（1911—1960）所說的以言行事（德里達拿助學金在哈佛讀書時奧斯丁剛好在那裏講課）。[1] 奧古斯丁由此把握了他的人生和上帝，活在神的面前（coram deo）。對他來說，只在祈禱中、只站在神的面前、以上帝之光省察他的內心、探索他的內在生命是可能的，對上帝來說甚麼都藏不住。後來齊克果說，"有多上帝，就有多自我"，他這是在重複我們從奧古斯丁的《懺悔錄》中學到的教訓。

懺悔是奧斯丁所說的"施行"的一個例子，也就是說，不僅是談論某個東西，而且通過談論做那件事。比如，當法官說"有罪"時，他不僅是在描述被告有罪，而且宣判他、使他有罪。當新娘和新郎說"我願意"時，他們是真的願意；通過宣讀他們的誓言，他們使婚姻發生。當我說，"我懺悔……"時，我使真理發生。在這裏，我們碰到了一種往往在哲學史中被遮蔽的月下真理，要去做或踐行的真理，而不是我在做一個關於事物的真陳述時說出的真理，比如當我說我窗外的樹開花了。奧斯丁稱後一種類型的真理為"記述式"真

1　J.L. 奧斯丁，《如何以言行事》，（Clarendon，1962）。

理。在從柏拉圖到黑格爾的大寫的真理的歷史上，記述式真理逐漸獨佔了舞台，這一過程在現代性達到了頂點。哲學家們喜歡真理"主張"，關於事物的真斷言、真的命題，説對了事情或挑出了世界上的物體的句子，就好像我們每天看着世界，並相互報告結果。但是按照奧斯丁的理論──它在宗教話語中是有先例和預兆的（所以比較奧古斯丁和德里達很有趣）──施行終於在台上有幾句台詞了。有了這些真理的發生，我們距離真理事件就更近了，距離發生的、去做的、像奧古斯丁寫他的懺悔錄時踐行的真理就更近了。甚至在記述時用到上帝的名字時也是這樣，當我説"存在一個上帝"，這裏用到的上帝不如祈禱或"上帝與你同在"中用到的上帝那麼重要。所以，奧古斯丁會讓我們思考的問題是，上帝的名字是上帝所指的存在者的名字，就像我窗外的樹一樣，還是如齊克果所説，是一件事的名字？

雅克・德里達出生於法國的殖民地阿爾及利亞，一個法國─天主教文化的國度。他成長於阿爾及爾郊區，在一條叫"聖奧古斯丁"的街上住過一段時間。他的家人是説法語的法國人，是勤勞的中產階級猶太人。他的父親是一位釀酒商的銷售代表，他有時出差時會帶着兒子一起去，開車在鄉村到處拜訪零售商。雅克在第二次世界大戰爆發時還只是一個少年。他 12 歲時，維琪政府命令學校停止招收猶太人兒童，導致雅克從高中被開除。命令是用拉丁語發佈的，奧古斯丁和天主教的語言，猶太人用它來表示佔統治地位的法國─阿爾及利亞文化。他曾經說，他只有一種語言，那還不是他自己的，意思是他是猶太人，但他從未學過希伯來語，他出生於阿拉伯國家，但從未說過阿拉伯語或柏柏爾語，這導致他說的"基督教拉丁法語"對他來說就像是外語。他認為他的生活是"離鄉別井"，這是他的哲學的核心概念。他在其中成長的世界是猶太人、阿拉伯人和基督徒的，後來他去巴黎學習哲學時，他放棄了他猶太人的宗教，娶了一個非猶太人妻子，沒有給他的兒子行割禮。他誰都是又誰都不是，是行進中的真理活生生的體現。[2]

哲學史上從未有哪個哲學家像德里達那樣旅行過那麼多次，或者在路上、在酒店裏、在飛機上寫了那麼多著作，繞了地球很多圈還不止。他說他總是覺得在別的地方很受歡迎；他說他"不認同他自己"。實際上，他在其他地方度過了他的職業生涯，不是像他父親那樣周遊阿爾及利亞鄉間，而是周遊世界。他是一個哲學的常旅客，在全球奔跑，他的知名度為他帶來了各大洲的邀請，從他的出版物名單上來看，大部分邀請他都接受了。（有人戲言德里達沒有未發表的思想。）然而，這位無數書籍的作者說，他從沒寫過一本書，他聲稱他的"書"實際上只是他應邀撰寫的論文的合集，每一篇都是偶然的，是為了回應一個"事件"而寫的。這些

2　更多關於德里達的生平，見 Benoit Peeters 著《德里達傳》，Andrew Brown 譯（Polity Press, 2012）。

論文往往會反映出他剛好受邀前往的地方的地理或名稱的偶然特徵。

　　他從哲學上極力反對“後現代”一詞，他認為這個詞包含着嚴格的年代劃分 —— 他當然是對的。現代性本身深深地包含了後現代對現代性各種形式的不信任，現代主義的各種風格在後現代性中依然盛行。古代有對抗柏拉圖和亞里士多德的主流傳統的犬儒學派和懷疑論者，教會之所以一直舉行協商會議，就是因為對它的權威的挑戰（它稱之為“異端”）不斷出現。前現代的世界比我們在這本小書中賦予的要更加多樣。這意味着最好把現代和後現代當作我們可以在任何地方、任何時間找到的形成對照的思維風格，我們這裏使用它們是為了便於給人啟發。能得到充分展開的後現代解讀會轉向它自身，展現事物要複雜得多；它會區分現代和後現代，但接着開始擔心這一區分是否有漏洞。但由於這是我用後現代表達的意思 —— 不信任明晰、清楚的區分，質疑每一個範疇（哪怕是後現代主義自身）—— 我們可以為了解釋的目的，把德里達的人生和作品當作（誤作）後現代美德典範性的展示。

　　奧古斯丁和德里達之間的區別不能更大了。奧古斯丁處於基督教神學史和歐洲哲學史的開端，德里達的時代哲學家們在談上帝已死，甚至是哲學的終結。奧古斯丁是一個基督教的聖人，是被尊為教父的神學家，而德里達是一個世俗的先鋒哲學家，是猶太人，但按照當地拉比的標準來説他是一個無神論者。這兩個人之間的差別是如此之大，以致要在單純的傳記事實之外把他們關聯起來顯得很愚蠢；德里達開玩笑説，他們都出生於北非這一偶然事件使他們成了"同胞"。但正是從這一偶然、隨機的條件，德里達看到了事件的機會（奧古斯丁看到了恩典的機會），使這一好像很偶然的關聯成為再現或重演《懺悔錄》的時機。抓住機會，讓機會爆發，深入德里達思想的核心，它從始至終是"事件"思想。

所以，在深入討論之前，我想點評一下德里達使用的"事件"一詞。這是他的著作中最重要的概念，也是一個我發現對我來説特別有用的概念。事件是"正在到來"的某物，是"將要到來"的某物。作為一種未來的東西，事件是某種我們看不到它的到來、讓我們感到意外地侵襲我們的東西，就像一封意外地抵達郵箱的信，帶來了一個改變了你一生的消息，不管是好還是壞的改變。事件會造成兩種影響：要麼帶來巨大的歡慶，要麼帶來巨大的驚恐。德里達的目光聚集在使未來保持開放，以免現在的重量降臨，阻止了未來的事件。他的思維源於一個希望，希望未來總是會變得更好，但由於不會確保這一點，它同時會面臨未來會更差這一威脅。所以事件是有風險的，如果我們過於用力地降低風險，我們會阻止事件的發生。

事件是我們徹底改造我們的生活的一種方法，或者更好的説法是，我們的生活被徹底改造了，為了我們。因為事件源於顯露給我們只能有限地加以控制的未來。我們不能讓事件發生，但是我們可以讓自己有益於事件的發生。如果我們防護得太強，我們就會阻止事件的發生。雖然能夠改變人生的意外不經常發生——我們只能承受那麼多！——但可以一直向事件顯露自己。日常生活充滿意外事件，有時非常微妙，就像一位老師小聲説的話改變了一位學生的一生。這位老師根本不知道這件事，當時那位學生也不知道。這就是事件。

我有時會説，事件不是發生了甚麼，而是發生的事情中正在發生的，我這麼説不是為了折磨你。我只是在強調，事件是當前正在醖釀的，但尚未到來，這一點跟我們這次旅行的指導性主題聯繫了起來，人生是一次旅行，它的終點被徹底遮住了，在這場冒險或探險中我們看不到會發生甚麼。事件是一個許諾／威脅：當前持有"許諾"，它不能被絕對安全地保存着而不會受到"威脅"，因為我們不知道、不能控制將來持有的東西。對德里達來説，最大的暴力是剝奪一個事物的未來，關閉它，把它鎖在一套嚴格的規則裏、固定的限制和強大的教條中——被金屬包裹的"真理"，只允許真理採取固定、明確的形式。所以德里達建議我們要放鬆、保持開放。

在他不停地周遊世界時，德里達習慣於在抵達一個陌生的城市時，獨自漫遊，讓他自己迷失在附近街區的迷宮中，最後找到回酒店的路，中間不打探方向。根據他自己的事件理論，他這種怪癖是一個生動的例子，證明他作為哲學家是幹甚麼的：讓自己從發生的事件中得益，為無備而來的做好準備，讓自己對無法預見的事猝不及防。對德里達來說，一個事物真正的真理——一個人、一本書、一個機構、一個傳統或一個陌生的城市——在於它能給我們帶來的意外，他作為一位哲學家把它概念化成了"到來"一詞。説某物是真的，就是説它有一個未來，對我們來説處於真理中就是顯露給未來。對他來説，真理——比如"民主"的真理——在於它的到來，它的許諾。民主總是被許諾的、受到威脅的，總是在成真，我們一直在呼籲它成真。所以我們永遠都不能説這是民主，或者這是真的，只能説這給了我們成真的許諾。真理是一個可能會像小偷一樣在夜間來訪的事件（甚至對德里達來説，當他在一個陌生的街區漫步時經常會被搶劫）。他著名的"解構"一詞（聽上去像是破壞比賽）的意思是，想辦法使一個東西的未來保持開放，而不是毀掉它。所以當你喜歡的東西被解構時，不要哭泣，要充滿感激。解構是對未來的愛。

我作為職業哲學家提出的一個問題，我將在這一研究的結尾回到的問題是，恩典（宗教）事件和事件的恩典（解構）之間有多大的差別？我能想到的事件最好的例子是，奧古斯丁在《懺悔錄》著名的"拿起來讀"那一段中記述的他的改宗。他聽到附近一羣孩子在玩一個叫"拿起來讀"的遊戲，他把他們的聲音理解為上帝的聲音，他打開桌上擺着的一本書，是保羅的《羅馬書》，這一段教導他不可好色淫蕩，要披戴主耶穌（羅馬書 13：13-14）。[3] 餘下的就是歷史了。從那個他人生中促使他行動的時刻起，一個可以跟保羅在去大馬士革的路上改宗的時刻相比的時刻，奧古斯丁接着安排了我們今天所說的基督教的綱要，勾劃了教會重大的教義——三位一體和原罪——清洗了教會中他所認為的異端，在《上帝之城》中標示了基督教國的邊界。

德里達小時候很依戀他的母親，無論他去何處旅行，他每週都會給母親寄一個明信片，1988 年，他母親在尼斯去世，因為阿爾及利亞獨立於法國的戰爭，他的家人移居到了尼斯。德里達在遠方、在路上，主要是在加州聖莫尼卡（西班牙人用奧古斯丁的母親的名字命名的城市）守靈期間，記了一個日記，以這個為基礎出了一本名字很簡單的叫《雅克・德里達》的書。[4] 這本書是有意的施為。這是一部真理之書，揭示或懺悔真理。它有意要讓懺悔發生，而不是論述"關於"懺悔性的真理。它努力使一個事件、使真理發生。這是一本非常特別的書。每一頁都被一條點狀的線從中間分開，就好像書頁被沿着這條線切開了。線的上面是英國評論家、譯

3　《懺悔錄》，第 13 卷，182-183 頁。

4　雅克・德里達，《割禮懺悔：58 個時期和迂迴曲折的詞句》，見 Geoffrey Bennington 和德里達合著《雅克・德里達》，Geoffrey Bennington 譯（芝加哥大學出版社，1993）。

者傑佛瑞·本寧頓對德里達的評論,對德里達"文集"的題寫。

評論的意義是提供一個關於作者(物件、範疇、封閉的系統)"德里達"的全面記述;關於德里達原則上要說的一切,但不真的引用德里達寫下的句子。它提議的是本寧頓所說的德里達的"生成語法",一個母體(matrix),一個電腦程式,它能生成、製作、安排或預測德里達已說或將說的任何東西,所以本寧頓把他的評論命名為"德里達基礎"。那條線下面是德里達寫的文本,名叫"割禮告白"(Circumfession)。德里達喜歡造新詞;如果它們是恰當的,它們就會帶來事件(這解釋了他對詹姆斯·喬伊絲的興趣)。在這個詞中,他把奧古斯丁的"懺悔"跟"割禮"融合在了一起,阿爾及利亞猶太人用基督教拉丁法語中的這個詞表達猶太人的割禮儀式(bris),這是一個擦不掉的題詞,身體上不可否認的切口,它在第三帝國期間讓許多猶太人付出了他們的生命,但德里達沒有讓他的兒子們接受這一儀式。

這兩個連續的文本代表了一個賭注。德里達的母親喬吉特喜歡打牌,在德里達出生前她會在夜裏打到很晚。德里達下面的文字打賭說,他會說出上面的文本沒有料到的東西,德里達沒讀過上面的文字。傑佛瑞佔據了上面"神學"的位置,即無所不知的上帝的位置,他努力寫出將會奪走德里達的未來和事件的東西,而下面的德里達則努力引發一個事件,一個非凡的、不可預見的結果,它會讓無所不知者感到驚訝，說出"德里達基礎"看不到其到來的東西。德里達在努力製造真理，讓傑佛瑞感到驚訝，用一個傑佛瑞沒看到它的到來的揭示來懲罰他。德里達通過在比賽中作弊獲得了成功，他引入了本寧頓不可能期望知道或想到的私人自傳材料。這些材料在傳統上被認為是禁止使用的，只是作者的主觀性的偶然事實，跟"德里達"的客觀內容、跟他的"哲學"真理無關，跟知道亞里士多德是否戴了帽子一樣微不足道。如齊克果所說，根據傳統的真理觀，為了獲得客觀性，哲學家們應該"忘記"它們的存在。

在"割禮告白"提供的意外中，最讓人感到意外的是德里達承認，他雖然是一個著名的世俗主義者和無神論者，但他其實是一個篤信宗教的人，這一告白讓他世俗的崇拜者感到困惑、驚慌失措（這兩點都是事件的標誌），卻讓他篤信宗教的批評者感到了一絲安慰（事件不會給人帶來安慰）。德里達構建了一個讓人忍不住稱之為《懺悔錄》的即興重複的作品，他製造了一個自傳性的懺悔檔，明明白白地採取了向"你"說話的祈禱文的形式，甚至有"祢，我的上帝"這樣的句子，他承認了"他的宗教，關於它所有人都不知情"，結果一直在讀他的著作的讀者"越來越不滿"——雖然他被"正確地視為無神論者"。他的母親一直不敢問他，他是否還相信上帝。他採納了奧古斯丁著名的自我描述，"傑基"（Jackie）說他也是"他母親的淚水的兒子"。傑基這個名字是另一個我們從這本書中得知的秘密。在 20 世紀 30 年代，阿爾及利亞的猶太人有時會用美國電影明星的名字命名他們的孩子，德里達的母親給他取的是美國童星傑基‧庫根的名字。"雅克"只是他的筆名。在法語和英語中，傑基還是一個女性的名字，這是德里達喜歡和加以利用的語言的含混和複雜，在這裏，它還有助於扭轉一個古老的男權主義的對抗模式。

德里達這部書重複了《懺悔錄》中的場景。作者和懺悔者（傑基／奧古斯丁）為他們死在歐洲南部海岸（尼斯／奧斯蒂亞）的母親（喬吉特／莫尼卡）守靈，這兩位哭泣的女性注視着她們的淚水之子，他們向祢（上帝／x）訴說他們的祈禱。我們看到了問題：如果德里達"假裝是一位無神論者"，他能向誰祈禱？文本訴說的物件"你"是誰？在這一點上，我們忍不住要説，這是德里達所作的類比的致命缺點。奧古斯丁的《懺悔錄》是真的，是"真正的"祈禱，而德里達的"割禮懺悔"是一個即興重複，一個詭計，一個偽造的假錢幣，是先鋒派對偉大的宗教經典聰明的模仿，但此時它崩潰了。政府會承認奧古斯丁屬於一個免稅的宗教組織；德里達則要繳税。奧古斯丁知道他的祈禱是指向誰的，雖然他馬上會承認他的上帝實際上是不可理解的，無限地超越了他關於上帝他知道的一切，他有理由希望上帝能聽到他的祈禱。他跟着一個信仰羣體、從這個信仰羣體裏祈禱，並依賴於從基督教的開端傳給他的祈禱文，依賴《聖經》中上帝説的話。另一方面，德里達只能靠他自己，他弄出來的只不過是一個戲仿，一個假的宗教和假的祈禱。不是嗎？

祈禱是甚麼？只是眼淚汪汪的過於虔誠的行為、把目光投向天空，還是有可能是一件嚴肅的事？沒有官方的祈禱文可以，更有趣的是，你一定要相信上帝才能祈禱嗎？這跟真理怎麼會有關呢？答案在於認識到，對德里達來說，真理跟他的無知是緊密結合的。是否有可能懺悔者不知道他在向誰懺悔，他是在向一個未知的上帝祈禱？這樣的祈禱者會不會甚至是特別敏銳、特別虔誠的祈禱者？

但說真的，祈禱到底是甚麼？一位法國當代神學家把它描述為"受傷的話"，從一個傷口或者受傷的心發出的話，從奧古斯丁"永不停息的心"的深處發出的，一顆充滿了渴望着甚麼的心。[5] 根據奧古斯丁的說法，他在《懺悔錄》的開頭說："祢（上帝）造我們是為了祢，主啊，我們的心如不安息在祢懷中，便不會安寧。"奧古斯丁認為，在我們欲求的一切東西中，不管我們的欲求是高貴的還是卑鄙的，我們欲求的都是上帝。雖然德里達被奪走了這種確信，但他還是祈禱。實際上，這正是他祈禱的原因。他的祈禱的核心，他的宗教的核心，就是這種未知，這正是他心中發出他的祈禱的傷口。他在一個未知的夜晚為某物的到來而祈禱，我不知它是甚麼，祈禱真理成真。對德里達來說，祈禱太珍貴了，

5　Jean-Louis Chrétien，《受傷的詞語：祈禱現象學》，Jeff Kosky 譯，見《現象學和"神學轉向"：法國人的辯論》，Dominique Janicaud 主編（Fordham 大學出版社，2011）。

不可以聽任神學專用它。

如果德里達跟奧古斯丁共用着這種永不安息的心，他並沒有分享奧古斯丁的希望，希望一個超越了時間和空間的永恆的上帝是我們的永不安息的終點。對他來説，永恆的安息就是死亡 —— 願靈魂安息！跟另一個阿爾及利亞人的同胞加繆（1913—1960）一樣（德里達在阿爾及利亞上學時就讀過他的書），德里達是一個沒有上帝的奧古斯丁，肯定了對沒有上帝的上帝的欲求，或者我們應該説，對沒有上帝的"上帝"的欲求。我們還可以給這個虔誠的阿爾及利亞無神論者的名單加上一個人，他終生的朋友埃萊娜・西蘇（Hélène Cixous），當今偉大的法國作家和女性主義理論家之一，跟德里達一樣，她是一個不信奉宗教的猶太人。重要的是要看到，這是"重複"的核心，雖然德里達假裝是一個無神論者，他並沒有摒除上帝的名字，他認為"上帝"這一名字集中了許多我們以"超越了欲求的欲求"所欲求的東西。他認為上帝的名字不是天空中某個存在的名字，而是一個事件的名字。例如，有了猶太教和基督教《聖經》中的上帝，就沒有甚麼是不可能的。上帝的名字是關於"不可能"、關於不可能的可能性的文學中最重要的名字之一，其中的"不可能的"不是一個清楚的邏輯矛盾的名字，而是某個粉碎了我們的期望地平線的東西，意外地侵襲了我們的東西 —— 簡言之，是一個事件的名字。當然，沒有甚麼能確保這個事件不會是一場災難。人生，就像打撲克，不會是萬無一失的，生活除了一連串的事件，我們在其中希望、祈禱更多、更好的生活的事件，還能有甚麼？

　　所以德里達還能向誰祈禱呢？德里達的"祈禱"是向多個目標發出的，他沒有保證它不會在郵遞時被弄丟：向喬吉特祈禱，她在已經死了一樣昏迷時已經認不出他了；向處於上方神學位置的傑佛瑞祈禱；向他自己祈禱，因為死亡會向我們所有人走來，他不能肯定他不會先於喬吉特而死，因為他正在努力學會如何通過寫這本書而生、而死；向我們這些讀者祈禱，這是一些也許會從他學到的東西中獲益的人。但也是向上帝祈禱，在這裏"上帝"這一名字不是某個地方一個實體的名字，而是不可能的可能性的名字。但是說他假裝是一個無神論者，德里達並不是說他絕對"是"一個無神論者，部分是因為他不想封閉上帝這一名字中包含的資源、切斷它的未來。對他來說，任何可能的上帝都是一個許諾，一個要到了的上帝，一個前方的誘惑。對他來說上帝一詞的力量在於不可能的事物的可能性，我們在說這個名字時夢想着這種可能性。此外，我們對上帝的含義要有絕對的確定性，才能明確地宣稱上帝的不存在。但他也不理解他自己，不能理解這個裝了許多聲音的"我"，其中一些是有信仰的，有些是沒信仰的，他們爭執不休。他是由這種缺乏對自己的認同、由這種永不停息構成的 —— 關於上帝的名字和一切對他來說很重要的東西，他用超越了欲求的欲求所欲求的一切 —— 他更喜歡這種永不停息而不是他唯一能預見的停息，即死亡。

我們是不是應該説，聽他説完之後，這兩個文本之間的區別，《懺悔錄》和《割禮懺悔》的區別，就是真正的宗教和虛假的宗教之間的區別，真正的信仰者真正的祈禱和一個傑出無神論者的即興重複的詭計之間的區別？這樣説就錯了，這樣下判斷就太倉促了。區別不是一個真的祈禱的人和一個假裝祈禱的人。毋寧説是一個人知道他在向誰祈禱，另一人不知道；一個人相信他有理由相信他的祈禱會得到回覆，另一個不相信；一個是從一個羣體和傳統裏祈禱，另一個則不是。這不是一個真的祈禱者和一個假的祈禱者的區別，而是兩個不同的祈禱者的區別。奧古斯丁對他的祈禱有一個恰當的名字；他可以叫出他祈求的上帝的名字、他欲求的東西的名字，而德里達不具有這種確信和這些恰當的名字。他是在向一個未知的上帝祈禱。這真的有可能嗎？他不知道是否有一個他對着祈禱的上帝，他不知道為甚麼而祈禱。但是這些使得祈禱不可能的因素並沒有擊敗他的祈禱；它們構成了他的祈禱，使之成為可能。奧古斯丁可能也會這麼説。奧古斯丁也廣泛地依賴着未知。他的上帝是隱藏的上帝，但是他把這當成一種讚揚，因為他知道他對着祈禱的上帝是一個他知道超越了他的知識的上帝。但是德里達不是在讚揚甚麼；他真的不知道，他沉浸於真正的未知之中，真的不擁有真理。他的真理是通過他的祈禱揭示的。他的真理是從真理割下來的，從大寫的真理割下來的。因為他不知道真理，他只能踐行真理：承認他的無知，活在真理之中，通過踐行真理而活着，活在深深的、永久的信仰和對人生與未來的希望中。德里達的信仰沒有被這一事實打敗：他不能為他對無所不知、仁慈的存在的信仰提供基礎。他的信仰是由這種缺乏構成的，依賴於對反抗絕望的深深的信仰。德里達的信仰是一種更加"絕望"的信仰，它被絕望的危險滋養了、強化了，而奧古斯丁的信仰是更加自信的信仰。

所以不管是奧古斯丁還是德里達，都沒有條件宣稱其權威性，宣稱他是真正的宗教或真正的祈禱者，除非你打算把宗教等同於一個免稅的認信教派的會員。實際上，如果祈禱是受傷的語言，是一個永不安寧的受傷的心説出的話，那麼，如果有人想發起一場宗教戰爭，可以説在這兩種情形中，德里達的心傷得更重，更加背井離鄉、更加無根、被割得更多，使他成為一個更真的祈禱者。德里達不知道他在向誰祈禱，甚至不知道是否有一個可以對着他祈禱的人，不知是否有理由希望他的祈禱會得到回應，他是更加迷失，更需要祈禱，有賴於祈禱。是德里達需要擁有更強的信仰，才能在絕望中保持希望，熱愛夾雜着死亡的生命，他的作品更加是懺悔性的，因為它恰恰是割禮懺悔的。

要承認，德里達跟赫爾墨斯一樣，有些頑皮，同是一個即興重複或者模仿。所有了解他的人都知道他目露兇光。但"懺悔割禮"不是一個詭計，而是《懺悔錄》的"重複"，按照它的表演對它的重複。它重複了奧古斯丁的基督教和他自己童年在故鄉的猶太教、他祖國的伊斯蘭教，但沒有重複它們的教義和正統觀念。這是一種沒有正信性宗教教義的宗教，沒有機構性結構、等級制度、蠟燭、祈禱書和教堂晚餐的宗教。它跟 19 和 20 世紀唯物主義固執的無神論不同，沒有把宗教斥為虛幻的。相反，它重複了某種宗教的結構，某種結構性的宗教，我的意思是指一種信仰（沒有宗教教義）、希望（對未來的許諾，不是死後會上天堂）和愛（愛更多的生活、愛生活的許諾，而不是愛一個叫上帝的超自然存在）。德里達不是"祈禱"上天堂而是為未來、為激進民主和正義、為好客和寬恕祈禱。在祈禱的同時，他把宗教世俗化了，強調了在世俗價值中產生共鳴的宗教色調。他讓這些珍貴的價值回到了公共領域。他削弱了這種二元論，扭轉了整齊的對立，"解構"了現代性認為是固定的區分。他重複了這些宗教動作但沒有落入宗教的陷阱。他重複了沒有宗教的宗教，重複了非世俗主義的現代世俗秩序。這正是我在尋找的，所以我這本關於真理的小書把一切都繫於這一迷人的場景上，它在各方面都是一個異常後現代的場景。對機會和偶然的感知，範疇的合併，對固執的確定性的抵制，向將來的敞開，以一種新的甚至是令人震驚的形式挽回某種古代的東西，對某種我不了解的東西的希望和渴求。

德里達在評論盧浮宮收藏的盲人的畫作時說，他感覺就像一個有某種信仰的盲人，這種信仰要比對教義的信念更深刻。"割禮懺悔"揭示了這種沒有正信性教義的上帝的信仰。這個文本隔離了宗教包含的事件。德里達感興趣的不是通常意義上的宗教，而是宗教中發生的事情，所有的宗教。我稱之為生命的激情，生命中不可簡化為正信性信仰或希望的信仰和希望，雖然它也許可以在那裏找到庇護，對宗教傳統包含但限制不了的事件或一系列事件的激情，對未來的許諾，實現正義、民主、真理等具有基本力量的詞所包含的許諾。正信性宗教包含某種無法包含的東西，德里達對宗教的重複釋放出了那超出來的東西。德里達揭露了各種懺悔之間發動的戰爭背後的激情，以便以具體的方式看清它們，然後產生成一個更基本的信仰、祈禱或希望。他揭露了在現代宗教和世俗的戰爭背後的東西，攻破了現代性建構的範疇之間豎起的牆壁。如果我們可以把現代性定義為構建"範疇"的範疇，德里達的工作就是解構它 —— 不是毀掉它，而是使其變得可滲透，揭示它的桶是怎樣漏的，如何跨越其邊界。他的文本揭示了一種沒有正信性教義的基本宗教，誕生於無知的夜晚，永不安寧的心的宗教，永不安寧地追求自己不知道的東西，在一個看上去世俗的秩序中顯示了宗教的激情，從而構成和破壞了一神論和無神論之間的戰爭。因此他的文本揭露了一種追求更深層的真理的激情，一種努力理解其自身的真理，一種尋求那種陷於未知的理解的信仰。這是去製造、去做的真理，它引起、破壞了在命題真理層次進行的徒勞的、令人生厭的戰爭（"上帝存在"，"上帝不存在"）。上帝的名字是一種激情的名字，正確地被當作一神論或無神論的激情。

德里達的"無神論"不僅跟他的"宗教"協調一致；它

正是他的宗教的材料，是他不安寧的心超越了欲求的欲求。他的無神論跟現代主義者對宗教的攻擊無關 —— 宣稱宗教是胡說、迷信、妄想、缺乏真理，因為德里達認為宗教是有道理的，那裏發生着真理，真理正在被施予，許諾了某種東西，將要發生支撐重複的東西。我們所有人都有一些宗教，在我們內心最深處，它打破了現代性建構的信仰和理性、宗教和世俗主義、一神論和無神論之間的整齊劃分，這些劃分只會掩蓋和阻擋更深層的事件。這種宗教不同於傳統宗教，它不會拯救我們，保證我們的安全，因為生命是不安全的，尋求真理的激情是對生命的危險的渴望，對許諾和威脅的渴望。他沒有否認理性，但是他尋求一場新的啟蒙運動，在這裏信仰跟我們所説的理性不是對立的，而是理性的關鍵組成部分。德里達像所有值得尊敬的法國左派一樣，堅持政教分離，現世的對宗教和政治權威的區分，但是他沒有接受世俗主義和教條的無神論，它們是另一種掩蓋宗教中正在發生的事件的教條或神學。他的宗教在於肯定不可能的可能性，接受在絕望中對正在到來的可能性的希望，相信未來會更美好，不是因為它更美好，而是因為那是我們的希望。畢竟，不可能的可能性也可能是一種可怕的創傷的定義；它可能意味着最可怕的惡魔。對於他這種宗教人們一無所知，連他母親都不知道（她本應該很清楚），他在讀《懺悔錄》時覺察到了這種宗教。這一解讀很奇特、很古怪、很有創造性和原創性，產生於一種他和他的同胞 —— 那位著名的基督教聖人和教士 —— 共有的激情。

德里達永不安寧的宗教跟希波的主教聖奧古斯丁的宗教中間隔着一道鴻溝，也是一道跟馬克斯・韋伯哀悼的世俗除魅之間的深淵。他的宗教觸及了一種更基本的境況，它處於現代哲學體制化了的二元對立之下，對於它我們缺少一個"範疇"。根據"沒有"的奇怪邏輯，這一重複劃掉了一個舊的詞，但仍讓它容易辨認出來，由此尊重了激情和真理之間的聯繫，這種聯繫被刻了在哲學這一古老的詞上，但在現代遭到掩蓋。如果德里達的割禮懺悔是"真正的"宗教，不管它有多麼奇怪、異端，那麼關於"真理"我們能説甚麼呢？兩個懺悔者，無論是奧古斯丁還是德里達，都沒有主張真理的優勢。在這裏我們認識到，真理的尺度源自事件，源自我們向未知的暴露。處於真理當中意味着歡迎正在到來的東西，"將要到來"的真理，這是一個不可預見的可能性的大海。

如果如我提出的那樣，後現代真理概念的特徵是，用開放的準系統的詞語來思考，事物不是完全提前規劃好的，這是由於事件。在暴露給事件的意義上，我們代替了真理，向我們看不到正在發生的事件開放，使我們自己被討論，為我們無法準備的事情作好準備。

用一個有些悖論的話來説 —— 後面我們會解釋這一點 —— 代替真理就是暴露給不真實，要把它當作還不是真的。知識在暴露給未知時才是知識。當我們承認我們沒有關於我們是誰的真理，當我們説我們不知道我們是誰、不知道我們渴求甚麼（那是我們之所是）時，我們對自己最忠實。當我們以為我們理解（這是"概念"真正的意思）將要發生甚麼，我們保護自己不會受到真理的傷害，不會受到意外的傷害。保持向真理敞開是一件危險的事，就像在夜裏聽到意外的敲門聲之後去開門，或者一直打到凌晨的撲克遊戲。因此，德里達的懺悔割禮更加危險，更加開放，是對某種無以名狀的、他無法準備的東西、代替真理的東西作好準備。我們都是旅行者，都是過客，唯一配得上稱為旅程的，是目的地未知的旅程，我們冒險去尋找我們說不清的東西，在路上甚麼都是沒有保證的。我們真的迷路了，所以我們才在路上。迷路是真正移動的境況，是真理所要求的探險和冒險。

走向後現代真理觀

1950 年代，萊昂納多・伯恩斯坦創作了《城西故事》（在百老匯演出了許多年，成了當代經典），這部音樂劇重寫、重演了莎士比亞的《羅密歐和茱麗葉》。這是馬丁・海德格爾（1889—1976）所說的"重複"的一個例子；重複可能的而不是現實的東西。[6] 重複現實是重新實現，只是使甚麼再次現身，是盡可能地複製原作，就像用 18 世紀的交響樂團使用的同樣的樂器表演莫札特的作品。複製是一個很好

6　馬丁・海德格爾，《存在與時間》，John Macquarrie 和 Edward Robinson 譯（Harper & Row，1962），74-76，434-449 頁。

的起步方式，就像一個學畫畫或者學打高爾夫球的人模仿大師。複製是第一個詞，但不是最後一個詞，這部分是因為"土著化"最終是不可能的（我們不能蛻掉自己的皮膚，重新進入一個已經消逝的世界），也是因為這樣做最終是沒有效果的（所以我們不想去做）。真正的重複，重複可能的東西，是從過去的傾向和可能性中，從過去當中藏着的潛在的真理事件中獲得能量和資源，製造出一個新的作品。

顯然，在後現代境況下，真理的地位發生了變化。它不再配得上某種永恆、神聖的東西的榮譽，也不再被當作上帝的名字，雖然作為徹底的民主派，我們不會阻止特定的宗教羣體那麼說。對這個世界我們已經看得足夠了，知道做到有智慧可以有多種方式，有多種生活方式，有許多語言、地形，許多次、許多地方，我們制定得很完美的計劃有許多出錯的方式，所以我們不會接受單數的、大寫的真理和智慧——如果我們認為真理可以發生於任何地方，並且可能根本不會發生。但是如果我們不能圍繞上帝或大寫的理性組織我們的真理觀，該怎麼辦呢？這就靠事件的作用了，而事件需要一個重複理論。如果這種更寬泛的、更開放的真理是在四處奔走的真理，我們要問的問題就是，它是怎樣走的？如果真理是一個事件，事件是如何發生的？我的回答是重複。

注意德里達是如何處理奧古斯丁的《懺悔錄》的。他沒有用好戰的無神論批判把它從地球表面炸掉，也沒有放棄他的先鋒風格或他的無神論、他的世俗性。相反，他接受了奧古斯丁的指導，去聆聽奧古斯丁的話，把自己向奧古斯丁那裏發生的事件敞開，然後把它加以重新語境化，用他自己的生命和世界重新表演它（這深入了解構的深處），結果帶來了無法預見的東西。重複是重新語境化、讓真理發生的方式。一切都有語境，一旦它被寫下，就可以再次重複，重新語境化，獲得新生，哪怕是在最初的表演者去世了多年之後。重複是真理——事件保持運動的方式，是它更喜歡的交通模式。重複是前進的模式，向前重複，以新的方式重複直到現在的東西。重複是製造它重複的東西。

沒有甚麼是從天而降的。一切都要重新發明。重複的結果是某種新的、創造性的東西，作者要對它承擔起責任，而不是懇求說它是經典，需要我們加以尊重。這一點能夠解釋美國人對憲法的辯論。保守派希望儘可能地忠於憲法起草者的原意。但諷刺的是，保守派的問題是，他們還不夠保守！美國的國父們在 18 世紀說："所有人生來平等。"我們今天的理解是，這包括非洲裔美國人和婦女，不是因為這是他們在 18 世紀真正想着的內容（不是這樣），而是因為這是你拿掉蓋子（重建）之後，這個宣言中的內容。所以，唯一真正保守傳統的方式是要不斷進步。保守派並不保守；那樣會害死人。我們要避免啟蒙運動理性的輕率，同時避免希望回到前現代的愚蠢，在那裏上帝觀造成了一種自上而下的等級秩序。抵制對前現代的懷舊，同時抵制"我們從古代學不到甚麼"這種想法。抵制現代主義者的理性主義，又不取消啟蒙運動給我們帶來的好處。這是忠實於事件。這是重複。這是目光瞄準未來的挑選。

前現代的真理概念之所以吸引人，是因為它屬於一個思考、行動和製作的統一體，真、善、美的統一體，都被涵蓋在了"智慧"一詞中。但是，總是有一個但是（這並不是一個概括後現代主義的爛方法），我們不能也不想"複製"前現代理想的原因是，往最好的一面去想，後現代太民主了。我們太相信有許多思考方式、許多藝術形式、許多生活方式。我們對差異、對跟人不同的權利有着清醒的意識，對於把自己特定的理想強加給別人非常警惕。最終，前現代的和諧和統一之所以能夠實現，是因為其背後的信念是世界是一個"宇宙"，一個封閉的、永恆的、不變的秩序，對於這一點有一個廣泛的文化共識。個人的任務是在這個秩序中找到自己的位置並融入其中，使自己可以用那個秩序來衡量，而不是去製造一個破裂或分裂。與此相應的是一個強大的等級制度，它蓋住了多樣性，賦予了這一制度理想的廣泛性和權威。異議分子被認為是危險的，而不是有着不同觀點、可能意識到了某種新東西的人。對現代民主派來說，異議是進步的引擎。

這意味着我們不能融入這一理想並不是沒有能力；它不是一個缺陷，而是我們的民主感受力的正面效果。我們的理想是百花齊放，是為異議和不同的聲音作好準備，把某人或某物被禁言、被邊緣化的幾率降到最低，聽每個人把話說完，這麼做不只是出於寬容，而是因為我們可能會學到新東西。這種多元論、多價的彩虹意義的真理的開放性，是在單一世界很繁榮的古代真理觀在當代的民主主義的對應物：真理是一種生命形式，而不只是命題的屬性。跟融洽的自上而下的體系相反，我們擁有一個帶有秩序規則的更加喧鬧的集會。在一個更加民主、更後現代的思維方式中，共識就像是休息時間，在一個更大的、正在進行的討論中一個臨時的暫停或臨時階段。沒有共識並不是一個缺陷。它是未來的發展的基礎，是仍然存在需要我們關注的問題的標誌，表明討論仍未結束，仍有人在遭受苦難或處於不利地位，事件仍在騷動。實際上，它是我們思考真理的方式的重要組成部分，問題永遠都不會結束，只要生活還在繼續。不然婦女、種族和民族上的少數、同性戀做出的進步何以可能？我們所做的唯一的限制是暴力，當人們停止談話、開始開槍的時候。未來總是開放的，民主主義的信仰是，未來永遠更美好，不是因為它永遠都是，而是因為那是我們的信仰，後現代的信仰。

如果共識是真理和談話的黃金標準，我們最後只好閉嘴。談話的目標就會是沉默，對一個按照其說話的能力被定義的物種來說，這將是一個很奇怪的結果。它代表了對談話的一種根本的誤解，誤解了談話相對於獨白的優勢，即我們總是能夠從別人那裏學到甚麼東西。別人總是在原則上能夠讓我們感到驚訝，能夠說出我們沒有預料會聽到的東西。不管我們多麼了解一個人，我們永遠都不能確定他接下來會說甚麼，他在想甚麼。所以漫長的婚姻或漫長的友誼不會讓人感到厭煩（雖然我不否認有時煩人的人會結婚）。這也是為甚麼民主集會如此讓人感到沮喪地爭論不休。對我們的生活方式最大的威脅不是未能達成共識，而是某個東西 —— 比如金錢或權力，或金錢的力量 —— 壓制了異議的聲音，扭曲了談話，中止了真理—事件的活力。這種觀念不只是容忍差異，而是肯定和邀請差異。當我們在商務場合或學校、在法律和醫療行業尋求多樣性時，這不是 "政治正確"，而是聆聽他人的思考、向陌生人學習的政治呼籲。真的，這讓地球扁平論者也能發言，但我下面會處理這一問題。

這是一個進行中的信仰。哪裏有事件，哪裏就有未來，哪裏有未來，哪裏就肯定有信仰。民主不是完全中立的、形式化、程式上的安排。沒有甚麼是這樣。民主是不同信仰的材料，被砍削來適應一個發生了巨大變化的世界。在一個理想的秩序中，在有序的整體和真理中，我們沒有相同的信仰背景。真理並不是某種像上帝或大寫的理性那樣，永遠都一成不變的東西（梵語中的 dera，表示某種堅實的東西，如木頭），而是像拉丁語中的 durare（延續），在一個漫長、疲憊、令人筋疲力盡的過程中支撐着的東西。我建議，在後現代秩序中，我們不要想着宇宙，而是想着詹姆斯·喬伊斯很有先見之明地提出的混亂宇宙，秩序和無序之間理想的融合：剛好足夠多的防止我們陷入混亂的秩序，剛好足夠多的使系統向新的結果、創新、發明開放的無序。當前是一個更大的總是向修正開放的過程的一個步驟或階段。當代的民主集會除非有辦法撤銷，不然就不會通過一條法律；他們不會選舉出公共官員，除非有辦法罷免或在下一次選舉中否決他們。他們想不出盡可能多的分權方法、讓權力相互制衡之前，就不會授予權力和主權。在民主制度中權力的中心是"空"的，不是說那裏沒有人，而是說那裏沒人擁有神聖的權利或與生俱來的權利，沒有發號施令的國王或牧師。在民主秩序中，沒人佔有繼承而來的地位、為生來就有權的人保留的位子，未來總是開放的，或者說它應該如此。

相應地，後現代的真理觀要用事件而不是上帝或純粹理性來描繪。這反映了後現代對前現代的真理理想的重複，但這次真理是離心的，或偏離軌道的，沒有絕對的中心、基礎，沒有封閉的宇宙秩序，沒有自上而下的等級結構。當代智慧肯定是真理滋養的，但是是另一種真理概念。重複發生於一個更開放、鬆散集合起來的準系統，在其中暴力被最小化，向未來的開放被最大化，在其中會維持無序和異議、不穩固和不確定的最佳程度，以便使整個系統保持開放和前進。認為古代是和諧的，而後現代是讓人難以忘懷的無調性。後現代風格要求濟慈所說的"消極感受力"，一種維持不確定性和不穩定性、跟不可預料和無法預測性共存的力量和能力，不是將來要加以消滅的臨時的惡魔，而是開放的未來的可能性、重建的可能性的正面條件。

真理、事件和無法預見的未來

所以，如果重複是一種交通手段，異議是它的引擎，在後現代境況下，真理有何意義？我把後現代的真理觀收縮成了四處奔走的真理這一圖像，它跟現代的溝通和資訊體系匆忙的步伐攜手，跟定義了當代生活的加速運動、增長和變化攜手。現在我要問四處奔走的真理的意義，散佈於後現代生活中的真理的意義。我在這裏考慮的後現代性接受這樣的真理觀：它一直是一個過程，一直在製作中，是向前的重複，所以真理在促進未來的條件下會很繁榮。因此，真理的意義就在於向變化開放，以及變化的可以獲得，重點落在新穎，落在事件發明、重新發明的力量。這伴隨着未來的不可預見性，伴隨着沒有甚麼是確定的這一保證，對於未來我們知道的一點是我們看不到會發生甚麼。相信未來總是更美好，並不等於我們同意進步的神話，相信我們的智慧手機和智慧炸彈越多，我們就越聰明，我們的高清電視機越多，我們對世界就看得越清楚。相反，我已經借用了利奧塔對後現代主義的定義："懷疑類似的宏大敘事"，不管是關於進步的還是關於衰落的。

因此，後現代理論家不是像柏拉圖或奧古斯丁那樣，把真理理解為構成了一個我們可以依賴、可以融入進去的永恆的秩序，而是把真理當作事件，有待於去製造或完成的事件，即將發生，仍在製造中，因此是一個許諾／風險。真理可以發生於任何地方，它仍在路上——科學上有待發現的東西，技術上有待發明的東西，藝術上有待發生的東西，在我們的個人、社會和全球生活中即將發生的。這就要使道德—政治秩序保持開放，防止人類關係以過去的模式封凍。當代理論家提出了民主社會女性權利、同性戀的權利、土著的權利、動物的權利，甚至環境的權利等問題，他們這麼做是因為真理之中發生的轉變。在後現代生活中，我們保留了繼承自蘇格拉底和啟蒙運動的提出一切問題的權利，同時需要勇敢、希望等古典美德，需要面對新穎、不受歡迎的東西，面對試驗性、不確定性的意願。擁有希望，同時承認事情受到威脅。威脅和希望從概念上相互依賴。我們希望威脅不會成為現實，但是我們之所以受到威脅，就是因為我們讓自己首先抱有希望。我們意識到，我們的希望也許不是神聖的擔保或純粹理性保證了的，而是依賴於我們。希望需要勇氣，所以我們的愛是一個危險的事業，因為我們使自己受到這一威脅：我們的愛會被拒絕。希望和恐懼，許諾和威脅，這是真理在奔走的標誌。我真的不渴望安寧；我渴望重複。

對命題真理強加的限度發起大批判的是海德格爾，他認為真理是"世界的去蔽"，這也許是貫穿於他的許多著作的一個最基本的主題。[7]真理對他來說是世界向我們開啟的方式,揭—示或揭—開。海德格爾是偉大的連字元哲學家之一,他經常使用連字元。這裏的想法是,真理首先是被掩蓋或遮蔽的東西,然後當它變成無—蔽時,打破了掩蓋的束縛。真理出現於非—真理。這又需要我們身上的一些東西,我們要準備好被揭示,向即將發生的敞開,去體驗某種我們本來會與之隔絕的東西。但是我們需要在更寬泛的意義上理解"去—蔽",不要以為看和認識(知道真理)比做和行動(做真理)或渴求(熱愛真理)更優越。在海德格爾那裏,"非—真"不只是真理的對立面,就像一個錯誤的論斷是一個真論斷的對立面。非—真是尚—未被揭開,有—待—於被揭開,是引誘我們繼續的謎。所以非真作為還在發生的東西,在我們面前延伸。真理是正在到來、變成真的真理。

這都不是說要奪走當前時代的真理,說現在甚麼都不是真的 —— 如科學和民主。這只是說要奪走現在的是最終性。這意味着真理剛開始發生,意味着現在所有我們想稱為真理的東西必須伴隨着與之相連的"即將到來"系數,德里達更喜歡說即將到來的民主而不只是民主。所以如果我們忠實於民主的真理,這就意味着我們向民主的許諾宣誓,不只是當前民主存在於其中的不完美的條件。即將—到來是一個不定

7　馬丁・海德格爾,《論真理的本質》,《海德格爾:基本著作》,David F. Krell 主編,第二版(Harper & Row,1993),111-138 頁。

式，是動詞最開放、最不受限制的形式，這種語法上的無限現在服務於 —— 重複 —— 以前上帝形而上學的無限，它的功能不是作為一個無限的存在或無限的理想，而是一個無限的、開放的許諾。我們用民主表示被許諾的、被要求的、被呼籲的，我們呼籲，"民主"一詞向我們呼喊，我們聽到的呼喊讓它自己在"民主"一詞中被說出、被完成。真理是仍在變成真的過程，另一方面，希望真理真的成真的我們要承擔我們的責任，必須要去完成真理。

所以真理的後現代意義，它是西方、民主的感受力，它的一個意思是，在全球舞台檢驗它是一件樂事，看看會發生甚麼，它在深層以對未來的期待感知架構的，相信未來總是更美好。德里達在解釋他的事件觀時區分了"絕對的"未來和"未來現在"，這個區分影響了現代性的所有範疇。未來現在是我們多多少少能看到其到來的未來，我們可以計劃和作準備的未來，在某個時候會成為現在的未來，我們有理由期待它變成現在。這種未來極其重要。比如，我們有責任為我們的孩子的未來或者為我們的退休作準備，不然就是不負責任。德里達並不是要拒絕考慮未來現在，那會很愚蠢，他是要強調因為事件，對於未來不只有這些。相比之下，絕對的未來是我們看不見其到來的未來，是出其不意地到來的未來，它像絕對意外一樣降臨到我們頭上，使一切成為問題。未來總是期待視野（horizon of expectation）的作用，是海德格爾所說的先於我們之前的存在（being-ahead，更多的連字元）。對於未來的現在，期待視野相對穩定，只取決於不斷填充的糾正或調整，但總是會使它保持固定。當你為了一個像大學畢業這樣的目標穩定努力時，總是會出現意料之外的顛簸或轉向。但這完全不同於一種改變了一生的經歷，導致你輟學、創辦一個新公司或一個搖滾樂隊。絕對未來會打破我們的期待視野；它讓我們感到震驚，迫使一切都要重組，這就是奧古斯丁的經歷。所以有時未來以穩定的直線進步到來，填補丟失的部分，逐漸糾正和確認既有的視野；有時它像一顆流星一樣落到地上，把我們推出軌道，以革命性的力量，迫使世界作根本修正、重新構想，這是事件的標誌。

請允許我給你舉一個例子，既能說明我們的意思，又能展示宗教真理如何充當後現代世界不信教的思想家們的範式。我指的是聖保羅在一羣新馬克思主義思想家中間讓人感到意外的回歸，聖保羅改宗的經歷給他們留下了很深的印象。[8] 保羅受到真理、受到被他認為是耶穌復活的真理的刺激，這改變了他的一生，使他成為一名使徒，開始擔任神職，其間要痛苦、艱難地走遍已知世界。想像一下當代的保羅能夠得到的資源 —— 他能夠飛遍世界的速度，電子郵件、Skype、推特（想像一下保羅的 Facebook 會有多少好

8　見阿蘭・巴迪歐《聖保羅：普遍主義的基礎》，Ray Brassier 譯（斯坦福大學出版社，2003）；齊澤克《木偶和侏儒：基督教變態的核心》（麻省理工大學出版社，2003）；齊澤克，《脆弱的絕對 —— 或為甚麼值得為基督教遺產而戰》（Verso，2000）。

友！）。保羅説，如果基督真的是因為我們的罪而被釘死在十字架上，那麼這對於每個人來說都是真的 —— 無論是男人還是女人，自由人還是奴隸，希臘人還是猶太人。所以真理是一個革命性的、普遍的力量；它改變我們，就像它改變了保羅（以及奧古斯丁和其他許多人）。當我們以為某個東西是真的，如果我們把自己向它的邀請開放，把自己暴露給它的力量，我們就會被改變，一切都會被改變，或至少我們會開始改變一切。我當然不是説，那些新馬克思主義者贊同聖保羅。一點也不！他們認為保羅是被騙了，我相信真理實際上只是一個傳説。所以他們感興趣的是保羅式的改宗，但不要基督的復活。他們感興趣的是我們所説的聖保羅的重複，作為真理事件改造性力量和絕對未來的例證，那種把我們推下馬的力量（這正是事件和絕對未來的定義！）。

真理到來時採取的形式是被證實的期待和沒有被證實的期待的混合。如果我們的期待永遠得不到證實，人生就會是一片混亂。當我們打開前門時，我們期望看到家中不是硫黃的火湖。但是當我們打開門時，我們也許會看到家裏進過小偷，或者廚房水池的水龍頭沒關。不管我們的期待是否被證實，總是存在着結構性的對無法預見的未來的開放，哪怕事情看上去很確定。事情永遠都不會是有保障的，哪怕看上去很有保障，所以經歷總是在原則上要服從修正。最確定的是明天早上太陽會升起 —— 除非它沒升起。最終我們意識到，不是太陽在升起，而是我們在繞着地軸轉，這引起了哥白尼發起的著名革命，我將在下一章簡單地討論一下它。這並不是說在哥白尼之前，我們都產生了幻覺，而是在哥白尼之後，我們的常識經驗在另一個框架中被改寫了，獲得了新的意義。我們說我們擁有的真理反映了一定的穩定性，它是過去的經歷積累的結果 —— 有時是非常痛苦的經歷。真理是解決了以前的不可判定性和不穩定性的結果。這種穩定性保留了過去的經歷，是必然的，以免我們每天早上都要重新發明車輪子。沒有它我們就會陷入混亂。但是這種穩定性又總是臨時的，帶有它，自己的風險 —— 沒有甚麼是安全的，連安全性也不是 —— 這種風險會把我們封閉起來，接觸不到未來，接觸不到可能的東西，使我們陷入麻醉或鎮靜狀態，跟新穎的事物中斷、分裂、發現、揭開真理發生時發生的東西隔絕。

真理不是一種狀態而是一種動態，在其中相對穩定的結構不斷地被一系列衝擊破壞其穩定。有時這些衝擊 —— 事件 —— 很小，是輕微的引起微小的調整和糾正的意外，就像駕駛員在路上遇到顛簸和轉向時對方向盤做出的輕微的修正。但有時衝擊很巨大，完全是意外，是像聖保羅經歷的那樣改變人生和把人推下馬的轉變，或者是一個改變了我們的一生的電話（不管是變好還是變壞），我們的人生被分成了電話前和電話後。真理會很粗魯。真理會傷害人，我們可能會增恨它。如尼采所說，一種思想安慰我們的能力不是真理的標準。實際上，後現代思想家們忍不住認為與此完全相反。真理不是受尊敬的人所做的教訓人的、讓我們內心得到安寧的說教。真理刺破安寧，拿出劍來。真理是衝進我們的生活的未知的衝擊，是到目前被隱藏、掩蓋的東西帶來的衝擊，它有時像夜晚的小偷一樣拜訪我們。在心理分析中也能看到一個例子，在醫生治療的過程中，我們一直隱匿在我們的無意識中的真理掙脫了，一切都改變了。心理分析開啟了一個真理—事件。真理是我們的開放或暴露給自我或世界的開放，暴露給無法預見的未來或無可挽回的過去，暴露給某種我們看不到其到來的東西，哪怕它源於過去。真理並非局限於學術論文或科學研究之中，而是穿越了生活的各個部分：從科學到藝術，從倫理到政治，滲透至日常生活的裂縫中。

隨着時間的流逝，這就不太是個挑戰了。改變不那麼突然，事情改變的速度也低了很多，真理被認為是永恆的、不變的秩序。柏拉圖認為太陽是永恆真理的象徵，因為它的光是接連不斷的、無窮無盡的。如果想像一下，快進到當代宇宙論，柏拉圖會看到，太陽正在燃盡，從整個宇宙來說，太陽只是一道閃光，我猜這一發現會讓他很難受。但是，重要的是，這一觀念還會讓他確信，發現這一點的是數學，他正確地建議我們，不要相信表像和常識。今天，我們知道太陽和點燃蠟燭的火柴（或蠟燭本身）之間唯一的區別是它們發亮的速度。緩慢的移動會造成永恆的幻覺，所以我們要花一些時間才會注意到物種的進化，而亞里士多德和柏拉圖認為物種是永恆的。但是在我們的後現代，變化的速度意味着真理尤其需要內心。真理首先是將來的問題 —— 我們自己和他人的將來，其他動物和地球的將來，生和死的將來，它們都深深地被令人驚訝甚至不安的新技術改變了。所以，在本書的最後一章，我將把注意力轉向最驚人的變化，高深的理論物理學和資訊理論的進展，激起了"後—人類"令人不安的前景。雖然總是有客觀、公正的判斷的位置 —— 從體育比賽中的裁判到科學報告和學術考察 —— 真理最終不是一個中立的問題，而是一個內心問題。我們關心誰會獲勝，我們渴望科學發現。

第 4 章　啟蒙運動及其批評者：
　　　　　一部簡史

　　我們是如何從奧古斯丁走到德里達的？在現代性中發生了甚麼導致了後現代轉向？這個問題需要更仔細地考察這個範例背後的哲學敍事，首先是從笛卡兒到康德和從黑格爾到尼采的哲學史，與之相伴的是真理從近代初期到 19 世紀末的命運。如果之前由上帝和真理做的工作被移交給了理性，那問題就是理性是否能夠勝任這一任務。啟蒙運動之光是否足以照耀真理，或者就像一個曝光過度的照片，光太強了導致不能識別所有的陰影？這一問題困擾着那些我們將要討論的哲學家們。

理性是怎樣變蠢的

哥白尼（1473—1543）

　　最先向我們暗示真理不是永恆秩序的反映而是一種變動的東西的一場重大事件是哥白尼革命，這既是比喻又是字面意思。在還沒有現代地圖和航海圖、更沒有當代的 GPS 的時代，旅行者要靠星星確定方向。跟着你的星星走，或者擁有一顆幸運星，在當時這不只是海員的比喻。就像設計了快速、有效的地下或空中交通管制系統的人一樣，哥白尼提出了一個簡便方法，用於解決協調星體被觀察到的軌道和亞里士多德的理論原則預測的軌道，這個方法跟舊的、公元二世紀時的托勒密的系統相比驚人的簡單，以致讓人感到詫異的是，以前居然沒人想到過：他說，為了簡單的緣故，顛倒一下你的假設。假定跟所有的常識、更不用説跟神的啟示相反，地球是動的而太陽是靜止的 —— 也可以説這有點像數學的詭計。哥白尼是一個相信神的人，也同情海員們，他還意識到這是一個"很鹹"的假設。提出這一想法，相當於他駛向一片波濤洶湧的神學的水域，所以他去世後他的書才出版。他的書出版後，裏頭有一個沒有署名的序言，讓人以為這篇序言是哥白尼寫的，實際上是他的朋友安德里斯・奧西安得爾寫的。序言中説，這個理論只是一個數學速記，數學老師一直以來都會給學生弄這種東西。它不是要挑戰神的啟示和作為自我中心者的上帝。但即使那是真的，看上去並非如此，一個東西一旦被寫出來，結果就脱離了作者的本意，作者從結構上說就死掉了，哪怕他就站在我們旁邊。哥白尼發起了一場不可能被一篇匿名的前言控制住的革命，連上帝最終都願意重新審議。

　　如果說曾經有一種真理粉碎了我們的期待視野、挑戰了我們的常識（以及亞里士多德的教導）、徹底改變了世界、把我們推下馬（以及改變了馬匹作為主要交通模式的地位），這就是了。哥白尼質疑一種毫無疑問的假設，我們站立的地球是靜止的這一假設；他讓我們看到了一種無法想像的東西。要意識到這種觀點有多麼驚人是一件難事。世界上也許再也沒有比太陽早上升起、晚上落下、我們站立在堅實的陸地上更確定、更明顯的事情了。我們怎麼能不再相信這些？我們為甚麼不會飛到太空裏去？即使在今天，雖然我們知道得更清楚了，當我們看着日出或日落時，還是要提醒自己，哪個是動的、哪個是不動的。

勒內・笛卡兒（1596—1650）

　　如果堅實的陸地這種舊觀念是錯的，那甚麼是堅實的？如果我們不能相信大地是堅實的，我們能相信甚麼？笛卡兒把這個問題當作他的哲學的基礎。他忍受着巨大的痛苦，把懷疑的懲罰當作他的王牌。前進，懷疑一切你能懷疑的——最終你會遇到不容置疑的。他沒有忘記伽利略遭受的宗教裁判所的迫害，又連忙向天主教會保證，他的意圖不是真正的懷疑、懷疑論或對真理感到絕望，而是把懷疑當作方法和戰略，有着特定目的的懷疑，為了尋找確定的、不容置疑的東西而懷疑一切你能夠懷疑的東西。確定性是一個讓教會的耳朵感到更加寬心的一個詞，它正是教會更喜歡的東西 —— 但笛卡兒不是在教會而在是他著名的"我思故我在"中找到的確定性。如果我懷疑，我在思考；如果我在思考，我就在。他從"我思"推斷出上帝的存在，上帝是自然的作者，是祂確保我們在正確使用我們的能力、不急於下判斷的情況下，我們能夠找到真理。真理（veritas）是神的真實性的作用。上帝過去是跟真理同一的，現在被簡化為對他的產品提供終身保障，但只有當我們遵守標籤上的使用説明、不濫用這一產品時，這種保障才有效。使用説明説：只判斷那些清晰、明白的事物，不要急於下判斷。所以，從上帝的存在這一證據，笛卡兒接着證明了我們對物理世界存在的信念，這是它值得信賴的創造者植入我們本性中的本能性的信念。他的想法是模仿數學方法，從不可置疑的前提得出結論，每一步都分享它建立在其上的前一步的確定性，直到在確定的基礎上重建全部現實 —— 靈魂、上帝、物理世界的存在。[1]

同時，笛卡兒直截了當地、謹慎地排除了對教會的倫理教導的懷疑。他願意懷疑世界的存在，但不會懷疑那些教導他的耶穌會會士，他很小心地培養他們的贊同。他是一個接

1　在諸多版本中，我一直喜歡 Laurence J.Lafleur 翻譯的笛卡爾《第一哲學沉思錄》（Bobbs-Merrill， Library of Liberal Arts， 1960）。

受科學、接受新科學的人，他也接受舊科學，只要它們可以用新科學尤其是數學加以修復和重新組織。但是他處理倫理學和宗教時非常小心，在懷疑時使它們保持原狀，在懷疑之後它們會變得比以前更清楚，從而讓教會的巨頭發出燦爛的笑容。實際上，他已經區分了私人事務（倫理—宗教的）和公共事務（數學的和科學的）。要記住，伽利略和笛卡兒等人是虔誠的天主教徒，哥白尼還是一個教士！他們並不是要向教會開戰，雖然最終感到後悔和恥辱的教會選擇了向他們開戰。教會是反動的、鎮壓的，但它並不傻。它對麻煩的嗅覺非常敏銳，它從笛卡兒的《沉思》中嗅到了麻煩，雖然笛卡兒在這本相對來說很薄的書中多次證明了上帝的存在。笛卡兒打開了一個裝滿蟲子的罐子（上面貼着現代性的標籤）。他打破了一個看上去牢不可破的紐帶，舊的存在的紐帶或鏈條，它是前現代世界的標誌。笛卡兒像哥白尼一樣，他從根本上動搖了知識界。他使上帝和世界變得可疑 —— 向教會保證這不是真正的懷疑、只是一種方法已經太無力、太晚了。

笛卡兒認識到，他的純粹理性的方法沒有認真考慮瘋狂這一惡魔，所以他努力採取幾個步驟去遏制它。他不希望任何人真的這麼幹。但他認為懷疑一切是值得一做的思想實驗。我的孩子還在成長時，我在他們身上試過一次。現在你可以用《駭客帝國》來說明這一點。當你面對着傳統、常識等需要殊死搏鬥的重量級對手時，更不用說還有告訴伽利略他透過他的望遠鏡觀看時只允許他看到甚麼的教會，你需要像這樣激進的東西。笛卡兒為現代理性創造了"向我展示，我想自己去看"的模式，但是他走得如此之遠，以致在古代會被視為發瘋——在現代性之後也一樣。笛卡兒是一個徹頭徹尾的現代人——不是第一個，但他是一個典範性的現代人。他不是跟上帝一起從天上俯視一切，而是相反，整個懷疑的想法可能是由於有一個惡魔用他的力量來欺騙我們，所以每當我們認為某種東西是顯然真實時，如 2+2=4，這可能是惡魔欺騙我們，讓我們以為它是真的（發生這種事時我們一般都認為你該去看醫生了，他一開始會問你跟你母親的關係如何）。笛卡兒把我們的心靈放在這一邊，把全部的現實放在另一邊，他從內部開始，問外面是否存在甚麼東西，"外面"是不是有別的甚麼。如果存在的話，他要求它拿出檔，用他制定的真理的標準（明白、清晰）證明自己。一切都要滿足這一方法的要求，不然它就倒楣了，不屬於"現實"——包括上帝。（教會的巨頭們皺起了眉頭。）上帝也要到庭，提出祂的申訴，如果祂想被認可為現實的話。上帝過去是一切事物的尺度，現在也要符合理性提出的標準。誠然，上帝很出色地通過了這一測試，獲得了最優異的成績，它是自因的；再也想像不出比它更完美的東西。太無力了、太晚了。破壞已經形成。

啟蒙運動之光不是涵蓋一切的前現代、哥白尼之前的我們都沐浴在其中的真理之光，而是理性握着的手電筒，理性就像一個優秀的偵探，仔細地翻找我們心靈的存活清單，把客觀的東西跟主觀的東西分開。心理分析師們的眼中充滿了喜悅的淚水：這是他們的耶誕節早晨，現代的主觀性和瘋狂概念的框架誕生了。這是真理方面的一個突變：古代人不知道現代對主觀性和客觀性的區分。古代人認為有些東西不如另一些東西那麼真實，有些東西比另一些東西更高、更恆常，他們肯定會認為我們犯了錯誤，但是對他們來說，這個錯誤更像是沒射中目標的箭。對笛卡兒來說，錯誤更像是一個幻覺，在這個幻覺中我們混淆了我們頭腦中主觀的嗡嗡聲和外界真實的東西。從英語中 opinion（意見）一詞的兩種不同用法可以看出這一點。當用意見來翻譯柏拉圖使用的 doxa 一詞時，"意見的世界"意思是，那些中了可感世界中變動的事物的魔法的人，他們不能上升到更高的、可知的不變的本質世界。當我們在當代意義上使用意見這個詞時，它的意思是"個人意見"，是人們頭腦中的東西。我們開玩笑說："它在你的世界中是甚麼顏色？"

主觀性、意識、心理學的內省、精神分析、自傳式的沉思 —— 這都是現代特有的現象。我們已經看到，奧古斯丁在《懺悔錄》中對他內心生活的記述，被廣泛譽為第一部自傳（指向內部），實際上是一部祈禱文（指向上方）。奧古斯丁的內在自我不是笛卡兒式的主觀性，而是一團嗡嗡作響的感受和想法，需要加以分辨，從對外部世界的反映來檢查它們的明晰性。奧古斯丁的內在自我是通往天上星星的樓梯，是靈魂和上帝之間的精神接觸點，是上帝最大程度現身的內心堡壘。他說："我走出來尋找你，我的上帝，當你一直在家裏，在我心中。"所以不要去外面尋找真理，向內因而是向上尋找上帝，因為真理處於內部。[2] 他待在家裏不是為了反覆思考他的情緒和感受。另外，如果奧古斯丁是一個現代的自傳作者，我們本應更多地聽到他匿名的結婚十三年的妻子，當他離開她時，他和她是多麼傷心（《懺悔錄》，第六卷第 16 節）。另一方面，《懺悔錄》完全是出於神學衝動，更加以上帝為中心而不是內省的，更多的是關於上帝而不是他自己，所以他的愛情只佔了一兩句（這會讓他的母親感到滿意）。

當笛卡兒區分主觀的東西和客觀的東西時，這一區別的威力就顯露出來了。物理世界的客觀性是它可以用數學來衡量的特性、它的幾何形式、它可以測量的重量和速度、運動問題，而其他一切，它的性質（顏色、氣味、聲音、觸感、味道）都是主觀的。現在新科學開始放血了，刺入了我們生活於其中的世界。現在除魅開始了，開始失去那個賦予生命優雅和芬芳的世界；開始把我們生活於其中的世界（"溫暖的畫面"）還原為它的科學特徵（"冰冷的畫面"）。笛卡兒認為人體是一個機器，由靈魂（anima）推動，英國哲學家吉

2 "不要去外面。回到你自身。人的真理在內部。"《論真正的宗教》，見《奧古斯丁：早期著作》，John Burleigh 譯（Westminster Press，1953），c.xxix，72，p.262。

伯特・賴爾（1900—1976）把靈魂戲稱為"機器中的幽靈"；其他動物實際上就是機器。跟人的主觀性和客觀現實這一區分相伴的，是笛卡兒所説的"思考的事物"（非物質的靈魂）和"有外延的事物"（運動的物體）之間的區分，這是笛卡兒的二元論的核心觀念。這一點更加瘋狂：我自己的身體在我的心靈之外，它不是我（靈魂）在，而是某種我擁有的東西，跟其他跟隨着我的思考的物質不同，它像黏在我鞋上的口香糖一樣黏着我。

　　笛卡兒真的是名副其實的現代性的"製圖者"，是一位重新繪製了知識地圖的思想家。他用非常現代的心靈和身體的二元論取代了舊的柏拉圖主義的二元論，更高的世界（不變的、超級感知的）和較低的世界（變化的、可感的）。從那之後，身心二元論就一直跟着我們。這一邊是唯心主義者：把真理放在心靈中。那一邊是唯物主義者：把真理方方正正地放在物質上。這種對立一直延續到了今天的"科學戰爭"，自然科學和人文科學之間的戰役；它的繼承者是因為C.P.斯諾的經典著作《兩種文化》而得名的科學與人文這"兩種文化"的對立。但倫理價值呢？它們可不是運動的物體。這是否意味着它們只是主觀的？現代意義上的科學是不是像哲學家説的那樣，是價值中立的？完全獨立於道德價值而開展着的？科學是不是以冰冷的、不動感情的數學能力來研究世界，對善、惡等沒有數學對等物的價值術語保持中立，把我們的身體變成了機器？哎喲！

有了今天的資訊技術革命，那種舊的威脅又以新的狂怒降臨到了我們身上。今天，"後人文主義者"認為我們實際上是機器人。是佈線精細，做工精緻、複雜、極端精密的機器人，但仍然是機器人；是神經連線、基因編程的機器人。所以一旦我們知道了關於 DNA、神經元的激發、環境因素需要知道的一切，我們就能用優秀的軟體預測和控制人類的行為。這是好消息！壞消息是，我們根本不能預測和控制人類行為，但是我們建造的機器人能——它們將大約在 2045 年接管我們，如果我們相信雷・克茲維爾等未來學家的觀點。[3] 那時科學戰爭將在我們和我們的機器人主人之間展開（這是電視劇《星際大爭霸》中的場景）。瑪麗・雪萊的《科學怪人》，對現代技術最著名的浪漫主義抗議，就微不足道了。我不是說笛卡兒要對所有這些負責，或者我贊同這些，而是說他引入了心靈和物質尖銳、嚴格的區分之後，他標定了這些戰場開展的區域。

伊曼紐爾・康德（1724—1804）

　　康德代表了啟蒙運動的頂點，但也代表了它的最低點，這時理性已經發瘋了，或至少看上去很愚蠢；這時靠啟蒙運動的理性引導會帶來高度分裂的生活。很能說明問題的是，如果"真理"一詞在某種程度上被禁止或者丟失了，康德要

3　Ray Kurzweil，《奇點臨近：當人類超越生物學》（*The Singularity is Near：When Humans Transcend Biology*），企鵝出版公司，2005。

花上一段時間才會注意到這一點。康德不是把理性定義為真理的功能，而是定義為"原理"的功能。首先要求得到他的尊重的是普遍性；真理必須等待它的機會。他也沒有用真理來定義知識，而是用它整合我們的經驗的能力來定義知識，所以最後他重新定義了真理，以便符合他所說的理性的目的。康德是第一個否認擁有知識意味着知道真理的哲學家。他的目標實際上與此相反：務必要使知識脫離真理，或至少脫離真實世界，以便為道德留下空間。

對於我們中間那些使用地下和現代交通系統的人來說，可以把康德視為一位站長 —— 就像把哥白尼視為一位船員的朋友 —— 他要確定我們都登上了正確的列車，而且我們登上的列車待在軌道上並準時開出。還有比一位德國哲學家更勝任這個職位的人嗎？康德看到了科學和人文之間爆發的衝突 —— 區分客觀和主觀、心靈和物質的難度 —— 他希望預先阻止這類衝突，他認為仔細區分每一方運行的軌道就可以做到這一點。這一類比當然有些不合時代。在康德那個年代還沒有火車，而且眾所周知的是，康德終生都未離開過他的家鄉哥尼斯堡。但據說他的生活節奏特別固定，以致人們可以通過他的活動來判斷時間（我們都希望火車和飛機能這樣）。這種可預測性跟他的心靈的哲學框架是一致的，它有一種通向法則的規律性和統一性的情形。如果一個法則真的是法則，它會統治所有現象，不會有例外，不管這些現象是我們之上閃爍着星光的天空，還是我們內心的道德法則。法則的標誌是它是普遍的、必然的、沒有例外的。物理學法則在哥尼斯堡和堪薩斯都是一樣的。

在康德看來，法則就是法則 —— 這是一個法則。是誰表述它，在哪裏、何時，那個人那天是否戴帽子都無所謂。古代人花了很大的工夫區分天和地。但當牛頓想出重力法則時，他說，實際上星空中天體的運動和蘋果從樹上墜落的運動是同一種運動。天上的運動和地上的運動是同一個法則的例子：有形的物體之間的引力直接跟它們的品質成正比，間接跟它們之間的距離成反比。行星只是一個長得更大的蘋果。康德像牛頓一樣，想用同樣的法則統攝一切現象，統一天上的和地上的，但是他給自己佈置的任務比牛頓更有野心，因為他不只想統一行星和蘋果，還想給道德留下空間。在康德看來，道德跟物理學一樣是遵守法則的。存在着自然法則，也存在着道德法則，他們都是遵守法則的，但在不同的軌道上運行，你不能攔住任何一列火車。道德法則意味着你行動時的個人動機，應該跟所有人客觀普遍的法則一致。這是用哲學的方式表達這樣一個意思：問問你自己，如果所有人都這樣做會怎樣？如果所有人都像你那樣做會怎樣？說明康德這一觀點最清楚的例子是我們都有說出真理的義務（這是真理在他的著作中出現的其中一次）。假如有人在符合他的目的時就說謊，如果所有人都這樣做會怎樣？（聽上去說的是政治！）那麼沒有人能夠相信任何人，社會的道德結構就會倒塌。

所以説真話是一個真正的能夠普遍化的原則。此外，康德從符合法則本身推出了道德，你應該盡你的義務，因為你的義務就是你的義務。只盡你的義務還不夠；你盡你的義務是因為它是你的義務，而不是因為你喜歡那麼做。康德擔心，不這樣的話我們就會像是政治家，當真理在他們那一邊時他們樂於講真話，當真話對他們不利時就不説。這是不同的軌道，你必須非常小心，當你要去趕普通義務的列車時，不要登上了個人喜好的列車 —— 哪怕最後他們到達的是同一個車站！這時，我們開始看到純粹理性中冒出的瘋狂。

　　要留心真理是怎樣被康德邊緣化的。他是一個啟蒙運動的人物，一個講理性的人，真理意味着理性之光照耀的東西。但是他從形式法則和原則而不是實際內容方面來思考理性。真理不是進入更高的善的世界（柏拉圖）或像上帝一樣存在（奧古斯丁）的問題。它不是一個關於物質的問題，而是一個關於理性的純粹形式上的性質的問題。所以我們應該説實話，不是因為真理是好東西或者是上帝想讓我們做的事，不是因為那樣做很光榮、高貴或有好處，不是因為我們熱愛它，而是因為它是我們的義務，純粹又簡單。真理只是理性的普遍性的形式上的特徵。相對來説，關於真理康德沒多少要説的，但有一種東西他説很重要，對他來説那是一個象徵，是啟蒙運動的象徵，真理從屬於理性。理性使真理黯然失色。

但是康德對法則和秩序的愛會發生衝突。牛頓物理學的法則不會被阻止：自然是一個決定論的系統。但是在一個決定論的世界，不會有自由，因為我們身體的運動不是被我們的自由意志控制，而是被按照物理學法則作用它們的其他身體所控制。但假如不存在自由，就不存在道德法則，因為那樣的話我們就沒有任何義務，就不需為做了或沒有做我們只能這樣做的事情負責，因為我們沒有選擇。我不能命令蘋果抵抗它落下來的傾向。但是道德法則也是一列阻止不了的列車；它的命令跟重力法則一樣是必然的。這是一個即將發生的火車失事。自然和道德朝着對方飛奔，二者都是全速前進。

康德解決這一難題的方式改變了一切。康德密切關注、非常讚賞牛頓式的科學的進展，他注意到了科學方法一個重要的、獨特的地方。科學家們不只是自然消極的觀察者，冷靜地計算資料，直到一個假說像蘋果落到他們頭上一樣擊中他們。相反，他們主動地處理自然現象，針對資料設計出巧妙的方法驗證他們的假說，然後按照假說來考察資料，看假說是否能夠支撐住。科學洞見是科學家們帶到實驗桌上的一種作用。科學工作不只是經驗觀察的問題，而是決定去觀察甚麼、如何觀察，如何驗證觀察到的東西以便更加銳利地觀察。不然資料是盲目的，只是一團亂麻，未加組織的、莫名其妙的多樣性。不過仍然要收集資料，因為心靈自己的活動是不夠的。

這導致康德得出了一個革命性的結論，概括了那個關於真理他要說的重大的看法：真理實際上是我們傳統上認為的、亞里士多德最先說的，一個心靈和現實的符合的問題（去說是甚麼、它是甚麼；不是甚麼、它不是甚麼）。但是跟傳統的信念相反，康德認為這不是一個讓心靈符合現實（我們說"蘋果落下"因為蘋果落下）的問題，而是使現實聽命於心靈的運轉（心靈的活動在一定程度上形成了"蘋果"和"落下"以及二者之間的連接）的問題。這就是他所說的他的哥白尼式的革命（顛倒了假設）！一切知識都始於經驗（某種東西觸發了我們對蘋果落下的感覺和斷言），但並不是一切知識都發源於此。可以這樣來解釋康德的意思。直到我們從現實接收到了輸入時，知識才發生或開始，但是這種輸入立刻積極地被心靈加以處理，心靈的功能是賦予這種輸入以理性的秩序。所以一團感覺資料，為了被接收到，必須被有序化，一個東西在空間和時間中跟另一個並排，接着另一個，然後作為因果聯繫被聯繫在一起——結果我們感覺到了蘋果即將落下，因為風在吹拂蘋果樹的樹枝。但是我們如何區分哪個是哪個，哪個是現實的輸入，哪個是心靈的作用？這一問題的答案在於這一事實：經驗負責差別，而心靈負責類似。經驗向我們呈現不同時間、不同地點的不同的東西——這裏的蘋果，上面的行星。但是我們到哪兒都總是帶着同樣的心靈，我們肯定地知道，不管經驗中何時、在哪裏呈現了甚麼，不管它是船、鞋子還是封蠟，我們經驗到的都會被心靈賦予空間和時間上的秩序，都會被心靈當作某種東西，都會有因果聯繫。這種（空間、時間、實體、因果）上的確信是我們一開始就一直帶着的，是我們心靈中先天就有的，與之相對的是後來從經驗中得到的各種後天的資料。

沒有心靈貢獻的世界會是甚麼樣子？對於這一問題，康德給了兩種答案，其中一種是他不留神説出的。第一個答案是他如果僥倖成功的話他真正想説的，他"酒後吐真言"（喝了三杯葡萄酒後吐露的真言）説的答案，未經心靈的輸入過濾的世界是"本體"世界，只有上帝認識的非物質的、純粹的可知世界。顯然這是説得太多了。他更加批判性的觀點是只説這個世界是我們不知道的"物自身"。康德由此引入了他之前沒人能夠想像的區分 —— 知識和"真實"或"真正"的世界之間的區分 —— 這是他定義真理的哥白尼式的革命的直接後果。柏拉圖區分了真正的世界和表像的世界，但是他説知識是對真正的世界的認識，表像只能產生意見或模糊的信念。但是康德説，知識、科學知識、客觀知識，是關於表像的、關於心靈本身建構的或使之跟心靈一致的現象，知識受制於心靈的狀況，而真正的世界處於知識的範圍之外。這有些瘋狂："知識"的標誌是，它不可能是關於"真正的"世界的。

但在康德看來，這是一個雙贏的解決辦法，對純粹理性的站長來説這是一個雙重勝利。一方面，它解決了物理學"如何得出法則"這一令人苦惱的問題，法則是必然的，但又得到了新的資訊，這些資訊是偶然的。它把笛卡兒開創的理性主義者傳統最好的一面，以及約翰·洛克和英吉利海峽對岸的經驗主義者們的經驗主義和實驗傳統結合了起來，為了學到新東西，我們當然需要經驗觀察，但是我們這些經驗事件按照因果鏈條整理之後，仍然能夠得到普遍知識。從根本上說，康德設計了這兩列火車縱排行進的辦法。另一方面，這種解決方法也代表了另一條戰線上的勝利，因為它找到了認可牛頓式決定論堅不可摧的法則但又保衛道德法則的辦法：物理學建立的必然聯繫跟現象世界有關，而自由和道德法則屬於"物自身"的領域。雖然從鳥瞰圖來看，這兩列火車（物理學和倫理學、決定論和自由）看上去處於將要碰撞的路線上，但從地上看，它們在兩個不同的層面上行進（"現象界"和"本體界"），將會安然無恙地從對方旁邊經過。

當然，康德沒辦法知道自由真的屬於"物自身"，因為"物自身"的定義是我們對它們一無所知。但是他為一種對自由的哲學信仰和道德法則掃清了道路，他用一句話作了概括，這句話包含了他整個哲學的核心："由此我發現有必要為了給信仰留下地盤否認知識。"[4] 當他說"否認"時，他的意思是把知識限制在現象上，否認知識能夠認識終極現實。他說的"信仰"的意思是對終極現實領域的信仰，在那裏我

4　這句話見於《純粹理性批判》第二版的序言，Norman Kemp Smith 譯。康德最好的介紹當屬這篇序言。《道德形而上學基礎》是他的倫理學更為可讀的版本。

們擁有真正的自由；他的意思不是對類似普魯士路德會那樣的認信性宗教的信仰。他發現，為了給對道德法則、對物自身領域（現實）的純粹理性信仰留下地盤，就必須把物理學法則限制在現象界（表像）。換言之，在康德看來，運行在物理學軌道上的列車永遠都不會被允許跳開軌道，跑到自由的領域去。

如康德的當代和科學精神的批評者指出的那樣，需要補充的是，康德實際上是破壞了"真正的"哥白尼式的革命。哥白尼傷害了我們以前身處宇宙中心的自豪感，而康德恢復了我們的心靈在現實中的核心地位，使心靈成為現實的可知（普遍、必然）特徵的創造者，這帶來了一股德國觀念主義者形而上學的浪潮。在他的批評者看來，康德逆轉了這一革命，在大陸哲學家中造成了對物理學的戒心，這種戒心一直延續至今。類似地，當康德談論理性的而非宗教的信仰時，他著名的箴言對有信仰者仍然很有用，他們可以用它來使宗教信仰不受科學的威脅。他們把康德對現象和物自身的區分變成了世界被我們認識的方式和世界被上帝認識的方式的區分。像科學家們會首先承認的那樣，他們不是甚麼都知道，這給新的康德主義者抓住了機會。他們說，相對於世界被上帝認識的方式，科學認識的世界永遠都代表的是有限的人類視角。

但是在這些我同意的批評之上、之外，我自己的反對意見涉及的是康德所説的純粹理性。作為一位學院派哲學家，我會是第一個承認康德很有趣的人。他建構了一個精巧的區分體系，理解和傳授它都是一件樂事。在講解他的哲學時，黑板上會寫滿他的"建築"，一個由各種層次的範疇、形式、功能、綜合和區分組成的宏偉的概念建築，它們一起構成了他所説的"純粹理性的體系"。但是在教室之外的結果，當學生和教授們回到家吃完飯時，就會忽略這些東西。因為，康德冒着標奇立異的風險，把人類生活描繪成了嚴重分裂、異化的動物，有點像火車失事；它是啟蒙運動理性過度的錯誤的受害者。

康德願意為了給倫理學的列車（仍然在頭等座）留下地盤而翻轉真理。但是這些倫理學不需要真理，只是純粹的普遍命令。如果在康德那裏有甚麼能夠接近真理、接近真實世界，那就是倫理學，但倫理學不知道任何真理。倫理學是在黑暗中開展的；它甚麼都不知道，甚至連善都不知道。那麼善是甚麼？在康德看來，唯一可以被稱為善的是善良意志，善良意志是出於義務而行動，而不是出於它能行的善或者它熱愛的善。善良意志會盡它的義務，但它不是在行善；它要跟善隔絕，不然它就不是善。如果善是你做事情的原因，那就壞了（沒人可以指責康德是一個行善的人）。

我們丟掉了心。那麼藝術呢？藝術更是跟真理無關，因為它作為藝術的形式特徵是要在我們的主觀能力中引發愉悦感，對它們的物件純粹形式上的完美作出反應，比如一個阿拉伯式圖案。至於藝術品真正的內容 —— 如濟慈所說的，"美即真理，真理即美，這是你知道的全部，你需要知道的就這些" —— 康德要求我們保持徹底的無動於衷。知識跟真正的世界隔絕了，倫理學跟善隔絕了，美跟真理和現實隔絕了：這是對每個愛智者熱愛的三種最高的東西完美的攻擊，攻擊古典世界熱愛的一切。愚人說，在他的內心，真、善、美沒有任何內容，應該被分開；激盪我們內心的是形式化的普遍性。雖然我們崇敬康德對哥尼斯堡堅定的忠誠，但我們忍不住以為他需要更多地出來走走。

當康德說到宗教時，就更糟了。[5] 他把宗教還原為倫理學，從經驗論的觀點來看，這是一個非常貧乏的分析。就像把一個建築還原為它的管道或電力系統。康德和他的宗教看不到宗教所是的其他一切，宗教的道德訓令之上和之外的東西。對康德來說，宗教不是倫理學的唯一原因純粹是一個形式化的虛構；你完全可以自由地把你的義務當做是上帝的命令，他就像道德問題上的法庭之友。但是如果你把它視為來自仙女的消息，哪怕你不相信上帝或仙女，你的義務仍然是你的義務，你義不容辭地盡你的義務，完全是因為它是你的義務，不管你偶然地為它附加了甚麼其他的信仰。你可以看

---

5 康德，《單獨理性限度內的宗教》，T.M.Greene 和 H.H.Hudson 譯（Harper &Bros.，1960），第 90 頁。

出，上帝接到了解僱通知，我們距離尼采"上帝死了"的公告已經不遠了。如果這還不夠小氣，康德把宗教還原為的倫理學是純粹義務、形式化的普遍性，以致康德幽默地發現，他不知道當人們真的想做他們應該做的事情時該做甚麼。這一所謂的問題會讓亞里士多德先是目瞪口呆，然後大笑着癱倒。這種水桶思維的極致是康德把愛還原為一種美學上的冗餘。你愛你的鄰人，這很好，但是不要讓這種愛干擾你去盡你的義務。

在這一點上，康德的純粹理性跟現實的脫離，跟每個人生活的世界的脫離，是如此徹底，以致它真的開始看上去很瘋狂了，就像他需要接受心理治療了。閱讀康德的哲學就像讀一個被送到地球上的外星人的著作，他做了一個奇妙的地球物種的清單，這個物種的頭裝配有一個由水桶、齒輪和計量器組成的複雜系統，借助這個系統他們在世界上四處走，對世界真正的現實他們聲稱他們一無所知，在前進時他們說着他們聲稱他們並不懂的話，這句話命令他們在世界上行動時，要仔細監視着快感，以免他們愛上他們的生活。[6]

這種觀點跟古代人所說的智慧相距甚遠，更接近他們認

---

6 為了忠於後現代"甚麼都不簡單"的假說，你可以通過閱讀康德反對康德，考慮他的"崇高"概念，它是對不可反映的東西的反映，比如當我們想像宇宙不可想像的廣大時，由此就產生了一個後現代的康德。但那樣的話我們就會走上另一條路，走上了一條漫長的彎路。

為的愚蠢。康德死於 1804 年，在 19 世紀爆發了一場批評他的風暴，在這場風暴中哲學家和浪漫主義詩人都呼籲要回歸到生活的具體性，回歸到生活具體的真理，對於這一事業我願意開一張支票捐給他們。

黑格爾對啟蒙運動的批判

在康德之後，讓真理回歸的、肯定也是對後現代最有指導意義的偉大哲學家是黑格爾（1770—1831）、齊克果（1813—1855）和尼采（1844—1900）。我能聽見聽眾的竊笑。如果說我對純粹理性的抱怨是，它最終導致了瘋狂，好像同樣瘋的是，轉向黑格爾、齊克果和尼采去尋找慰藉。黑格爾是齊克果無情地嘲諷的對象，說他是絕對教授，說黑格爾不是把他跟自己的帽子而是跟上帝搞混了，就好像上帝來到世界上是為了跟德國形而上學磋商神的本性的構成。另一方面，齊克果是著名的"憂鬱的丹麥人"，過着古怪、抑鬱的生活，而尼采是真的瘋了。所以真的可以說，啟蒙運動理性導致的瘋狂遇到了它的對應物，反對它的反啟蒙運動的瘋狂。但是黑格爾是一個很清醒的人，他對啟蒙運動作了非常敏銳的批判，至今啟蒙運動還沒有從這一批判中緩過來，而齊克果和尼采都像帽商一樣以各自的方式發瘋了，但他們就像現代性這個煤礦中的高頻雜訊一樣，他們的著作細膩地哀悼了啟蒙運動的效果。這三個人一起，雖然是以不同的方式，讓我們回到真理問題，為後現代思想打開了空間。根據我的假説，他們每個人的立場跟宗教形成了決定性的關係，雖然他們也都產生了他們自己獨特的問題，我們在下一章"後現代轉向"會解決這些問題。

1806 年，當黑格爾還是耶拿的一位年輕教授時，拿破崙親自率領的法國軍隊佔領了該城。崇敬法國大革命的黑格爾在人羣中觀看那個著名的人物走在隊伍的最前方，這一場景迫使他評論説，他正在觀看的是"馬背上的世界精神"（馬當然是那時世界精神唯一能夠採用的交通方式，以後它們將擁有私人飛機）。在黑格爾看來，拿破崙不只是這個會死的血肉之軀，這不只是騎馬，也不只是一場行軍：這是歷史的行軍，是世界精神的行軍。黑格爾所説的"精神"的意思是，個人不是跟集體隔絕的，而是更大的整體的一部分，是時代精神的一部分，它是推動個人前進的背後力量或歷史力量。某些個人，如拿破崙，以特殊的方式抓住了這種力量，或者説被這種力量抓住了。[7]

黑格爾對拿破崙的觀察不只是他的奇思怪想、個人趣聞，是為了給困難的哲學增添一點色彩或者實例。他對啟蒙運動以及它掏空真理概念做法的批判的要點都包含在了這一

7　有一些黑格爾的著作你永遠都不會原諒我推薦了你去閱讀；太難懂了。一般來説，更好的辦法是堅持讀他相對清楚的演講錄。我最喜歡的包括藝術、宗教和哲學演講的導言，見 J. Glenn Gray 主編的《黑格爾論藝術、宗教和哲學》。

觀察中。黑格爾說，真理不是由水桶思維（我是在重複他的話）來獲得的，而是由對"具體內容"整體的感覺來獲得的。他強調具體性，不是為了教學上的考慮，好像不舉個例子你就聽不懂。雖然確實是這樣，但黑格爾說的是一個更加根本的關於現實和真理的本質的哲學觀點：如果現實不能給出它的例證，它就不是真的。我樂於承認，所有拿起黑格爾的《邏輯學》平裝版在早上上班路上讀它的人，都會向我的觀察微笑致意：黑格爾的哲學很"具體"。確實，他的著作非常理智，難讀得令人筋疲力盡。他經常聽起來像是吉伯特和蘇利文輕歌劇中滑稽地模仿的德國哲學家。所以如果你說他的哲學很具體，這並不是說他對他的讀者很仁慈——基本上可以肯定他並非如此——具體是甚麼意思？

黑格爾反對康德以形式化、分析地區分的方式對待真理，這是典型的啟蒙運動的做法，他提出的是有機、綜合的思維方式，事物一開始就被結合在一個活生生的統一體、一個發展的整體中。因此黑格爾用的是"具體"的字面意思，在那裏普遍的和特殊的、超驗的和先天的、永恆的和暫時的、上帝和世界、精神和個人融合在一起（con+crescere），就像他們在拿破崙身上所做的那樣，這樣做不僅是為了讓我們能夠理解真理，而是為了真理的存在！真理不只是一個抽象的名字：它真的會出現在歷史上，坐在一匹馬的背上。真理不僅僅是按照方法的規則能夠得出的命題的形式特徵；真理是一種實在的、具體的東西，是我們的生活、是歷史的內容。真理是精神在時間中的行軍 —— 這就是黑格爾所説的真理只會在及通過具體的個人、人民和時代的生活來實現 —— 沒有它們精神就不是真實的，只是一種抽象、一個幽靈。順便説一下，如果你想知道精神是從哪裏來的，答案是，由於它一直在變化，它不是源於任何東西。它跟上帝一樣，是永恆的，實際上這就是黑格爾在宗教上賦予精神的名稱。在黑格爾看來，這就是宗教上所説的上帝降到世間，生活在空間和時間中，騎在馬背上四處走。

可以把康德和啟蒙運動的分析方法當作一個人關於一個城市的知識，這個城市他們沒去過，只在書上讀到。他們在攝影集上看到了整齊地展示這個城市的各個部分，每一章展示一個街區。可以跟另一些人的知識比較一下，這些人在這個城市住了一輩子，知道各種捷徑和最好的餐廳，目睹了街區的變遷，見證了城市變成現在的樣子。康德主義者對這個城市的知識是抽象的、蒼白的、零碎的，黑格爾則認為真理是整體，是整體具體的統一，是事物融合的方式。笛卡兒和康德把真理理解為一個分析地清理一個人的頭腦的問題，一個使人類的信仰和實踐被劃分的問題，一個遵守方法的問題。康德就像一個在幻燈片下分析樣本的病理學家，而黑格爾説生病的是整個人。康德把真理當做一個羣島，科學在這裏，倫理學在那裏，美學在它們之間，需要我們能夠在島嶼之間跳躍（要注意宗教沒有它自己的島，而是被批准在倫理學的島嶼上建設它的信仰之屋）。但是黑格爾認為這是一個根本錯誤的心靈框架。他說它是一種抽象、片面的思維，用邏輯去劃分，由此把哲學交給了一種徒勞的努力，在東西被撕爛之後再把它們粘在一起。所以我說最後我們得到的是在純粹理性的世界裏瘋狂、異化的生活，就像康德發現的，成問題的是一個人真的喜歡做他有義務去做的事情時要怎麼去辦。對康德來說，一個人喜歡他的工作，這是一個要解決的問題；對黑格爾來說，不喜歡你的工作就是一種異化的人生，這是馬克思在批判資本主義時的起點。

黑格爾以真理的名義對啟蒙運動發起了全面進攻。古代以來，再也沒有比黑格爾更把真理當作核心的哲學家。在這一點上，他讓我們想到柏拉圖和中世紀的神學家們，他們不是把真理只當作命題和現實之間的符合（命題真理），而是當作現實的本質（本體論真理）以及心靈之光（奧古斯丁）。黑格爾可以不用在背後交叉着手指說上帝即真理，雖然他會補充說，我們還要把哲學家帶過來解釋一下。但他跟柏拉圖和神學家們不同，後者認為永恆和時間、天堂和人間、存在和變化屬於不同的範圍和領域，就像奧古斯丁的上帝之城和人類之城，黑格爾的想法是統一這些看上去對立的領域，把它們統一在具體之中，用更大的變化中的存在、時間中的永恆、先天中的超越、人間的天堂、世界上的上帝的圖景來思考，把一個跟另一個分開就會陷入抽象思維。在對立者的一端是找不到真理的，要在對立的統一中才能找到。真理不是抽象的。它正是具體化、外現化、實現自身的過程。真理是一場行軍，是運動、發生，是來到空間和時間中，不現身就根本不是真實的。所有真實（real）的東西都是同等地真（true）的，所有真的東西都是同等真實的，是真理在物理世界的具體發展的階段。有了黑格爾，我們終於遇到了這樣一位哲學家：他說真理是這個世界上的東西，真理是變成真的過程，真理可以發生於任何地方。終於有人說，真理在四處奔走。雖然他沒有預見到我們今天的生活令人眩暈的節奏，他的思想是，現實在發展，是一個永遠都不會獲得固定形式的、無休止的過程。

《物種起源》直到 1859 年才出現，幾乎是在黑格爾去世之後三十年，如果他在世時出版的話，他會買幾本的。黑格爾認為，歷史局限於我們的文化生活，但是自然也有歷史的思想非常吻合他的形而上學，在他的形而上學中，歷史的發展是全部。黑格爾會歡迎達爾文的這一觀念：魚、鳥和人類都不只是不同的不變的物種，區分它們的是不變的物種的特徵，它們實際上是生命在地球上的進化的不同階段，人類的身體上有經歷過所有這些階段的印記，就像那些在城市裏過了一輩子的人仍能看到舊街區的痕跡，能指出舊的地標。黑格爾跟拿破崙一樣，是騎在馬背上旅行，他們沒有活着看到工業革命，看到我們對自然史學到了多少。但他是第一個偉大的使歷史成為哲學問題的哲學家，分析它將向何處去，說它的發展是真理本身的內在組成部分，就像達爾文的物種一樣，發展成了它現在的形式。他是第一個認識到理解真理就是理解事情如何行進到哪裏去的人。

　　當黑格爾説，現實背後的實體是"精神"（spirit）時，讓我們澄清一下"螺旋"（spiral）。Spirit/spiral 是英語中的一個文字遊戲，但是它對我們有些用處。一個螺旋是團團轉的許多圓圈，不是在平面或者沒有效果的重複，而是逐步上升，圍繞着自己，越來越高，直到到了頂上，頂點或最高點，在那裏它最後成為自己，成了它的真理。我們可能會忍不住説，在頂點或最高點，我們抵達了"歷史的終點"。1989 年鐵幕的倒塌促使法蘭西斯・福山宣稱我們已經抵達了歷史的終點，他的意思是列根—戴卓爾式的自由市場資本主義獲得了勝利。這種狂喜有些誤導，是好笑的右翼黑格爾主義。黑格爾並不認為歷史在這個地方或任何其他地方就封閉了。同樣的，歷史也不是來自某處，它不是在去往某處。當他説世界精神是"永恆的"，他就是這個意思，並不是説歷史在時間之外，而是説它是無限的、無止境的。當精神／螺旋抵達它最高的發展階段，那個階段本身就成了一個新的、更高的螺旋的起點，這個螺旋會不停地旋轉，不斷地抵達更高、更完善的點，距離無窮大無限地小。對他來説，高點不是像按照你的股票投資組合的規模來測算的，福山，對不起一而是按照知識來測算的。事物的本性是成真，精神螺旋上升為真理，在螺旋中精神伸展它的翅膀，在發展的過程或成為它所是、它真正是的、橡子變成橡樹、嬰兒變成大人的過程中，不斷地螺旋上升。重要的是要看到，精神或真理不是一個在做事情的"人"。它是齊澤克所説的一個"稻草人黑格爾"，就好像精神是一個詭計多端的超級個體，它操縱着下面我們所有更加愚昧的人。黑格爾很清楚地意識到，我們人類是唯一的能動者，是唯一做事的人，但他説的是，我們不是相互隔絕的自主的能動者。拿破崙不是一個孤島，雖然他最後住在一個孤島上。他體現了時代精神，受到它的推動，但是那個精神不是一個像操縱木偶一樣操縱拿破崙的超級個體。我們做的是時代精神或歷史在我們身上、通過我們展開的生命，或者它們的實現。沒有我們，精神就不是真實的。沒有精神，我們就得不到激勵，沒有甚麼可去實現的。所以我們"具體地"屬於對方。

當我們看到黑格爾對宗教、用宗教幹了甚麼，我們就知道他要幹甚麼了。如果拿破崙是精神的願望聚焦於其上的一個具體的人物，耶穌基督就更是這樣。不誇張地説，黑格爾整個的哲學是異教對道成肉身的演繹（重複）。對於基督教，黑格爾既帶來了好消息也帶來了壞消息。好消息是，它是絕對真理，對此他那個時代的路德教派虔誠地贊同了。壞消息是，它是比喻形式的絕對真理。"比喻"的成分讓教會坐不住了。宗教代表了關於"上面的"上帝和"下面的"世界的故事中的真理，上帝降臨到凡間，天使們在背景中唱着歌的時候，祂出生在一個馬槽中，後來祂因為我們的罪而死去，又升到天堂，留下了祂的"精神"！黑格爾説，這都是真的，絕對真理，關於絕對的真理——以故事的形式。但是任務是要解釋和理解這些故事。這時我們就要招來哲學家，向他們請教。哲學家們像一隻鷹（德里達造了一個法語中的雙關 Hegel/aigle）一樣圍着宗教盤旋，然後俯衝至宗教中的圖像和人物，用概念的準確性真實地復述這些故事。說真的，我們在宗教中說的上帝是黑格爾在哲學系講的"絕對精神"。他們在教堂裏講的基督教的故事在哲學系被哲學家更加準確地演繹了一遍。它實際上要告訴我們的是，上帝真正的本質是要在空間和時間中展開，舊的天上超驗的上帝是一種富於想像力的說法。它完全是前哥白尼式的。在哥白尼之後，"上方"已經失去了它的衝擊力；"上方"出局了。這一宣告沒有受到教會統治集團的熱情歡迎，他們指責說這是泛神論！從技術上說，這不是泛神論，而是後來所說的"萬有在神論"，上帝在所有東西中，所有東西都在上帝那裏，即上帝在世界中和世界在世界中的"具體的"統一。上帝不是跟你、你的祖母或黑格爾、或任何特殊的實體同一 —— 那是泛神論 —— 而是說上帝是永久的無限的實體，在其中特殊的有限的實體來來去去，在其中，通過它上帝的生命被實現。沒有世界，上帝就沒有現實性；沒有上帝，世界就沒有甚麼可以去實現的。人類羣體在世間實現上帝的生命，使精神現實化 —— 耶穌升到天堂、留下神聖精神這一場景中包含的精神。

在黑格爾看來，宗教是真理中發生的事情的重要線索。他代表了我在德里達對奧古斯丁的解讀中描述的宗教重複的第一個版本，進入宗教的正確方式不是簡單地批判它，而是重複它。他沒有採取老式啟蒙運動無神論的典型做法——笨拙地敲打宗教的膚淺。我們要記住，早期啟蒙運動理性主義者如笛卡兒等人努力想出上帝存在的理性證據，這一浪潮最後在 19 世紀發生了轉向。科學自然主義和"無神論"——這一術語最早在 18 世紀的法國被廣泛使用——的證據開始增加，使上帝看上去就像一個沒有必要的假設，造成了當代神學在最後一刻用上帝堵住缺口的做法陷入困境。牆上寫着關於這樣的上帝的話。理性主義神學和理性主義無神論之間的戰爭開始時打得非常堅決，不幸的是，這場戰爭一直持續到今天。黑格爾拒絕參加這場戰爭。相反，他認為宗教中有些需要我們思考和注意的東西，對黑格爾來說，這意味着要由哲學家來辨別精神在宗教中採取了何種形式，這就需要從內部（去把握其精神）來解讀。對黑格爾來說，不管發生了甚麼，不管真實的是怎樣的——不管它是科學、倫理、政治、藝術還是宗教——都體現了某種形式的真理，體現了它的發展的某個階段，哲學的工作是弄清這些，去揣摩真理在精神的個別人物中採取的特定外形，不管它的形式是甚麼。如果它沒有現身，它就不存在；它就不是真實的。順便說一句，如果你想知道我們如何分辨誰算、誰不算世界的歷史性人物，答案是這部分靠你的直覺，部分靠你在圖書館下工夫。也就是說，你翻遍大量歷史資訊——黑格爾就這麼做了——直到你"抓住"（直覺到）時代精神在歷史事件、在一個範例性的藝術品、在宗教實踐中發揮作用，然後以令人信服的方式、借助那個焦點物件，講述那個年代的故事。但是你只能在事實發生後，在那個年代結束後，在回顧時才能這麼做。黑格爾說，密涅瓦的貓頭鷹只有在黃昏時才會展翅飛翔。

雖然我向黑格爾突破性的工作致敬，他重複了宗教，而不是像理性主義者那樣徒勞地證明上帝的存在和靈魂的不朽，也沒有像理性主義者那樣駁斥宗教，但他的重複好過頭了。它太強大了；它走得太遠了。當宗教接觸到黑格爾無所不包的 Begriff（"概念"，字面意思是"抓住"）的高溫之後，宗教就崩潰了，它被黑格爾 / 老鷹（Hegel/aigle）的爪子給抓住了。黑格爾和德里達對宗教的重複的區別是，德里達讓我們處於深深的未知中，虔誠地向不可預見的未來保持開放，並相信不可預見的未來，對德里達來說這是真理的結構。德里達總是擔心我們的真理概念會變得太強，擔心有人聲稱得到了真理。所以意大利後現代思想家詹尼·瓦蒂莫（1936—）讚美了"弱思想"，反對傳統的過於強大（或教條）的形而上學思維。比如，齊克果 —— 他受到了萊辛的論文的啟發 —— 會推辭別人稱讚說他是一個基督徒，他贊成別人說他在努力成為一個基督徒。德里達會補充說，齊克果在努力成為一名基督徒或其他人物時，他並不真的知道他在努力成為甚麼。我們不知道我們渴望甚麼，在這種條件下，一個更加激進的渴望成為可能，所以德里達認為，我們所有人，奧古斯丁、齊克果和所有其他人，都在同一條船裏漂浮或漂流，黑格爾和所有其他人都不知道這條船最終的目的地。跟德里達相比，黑格爾有些無所不知，他認為哲學家們在一個特定的時刻來到現場，來解釋一切——就像小說結尾的偵探——向所有其他人闡明真理最深層的結構，這些人知道一件重要的事情正在發生，但是不知道是甚麼事。

所以黑格爾針對啟蒙運動作出了各種批評，但是他仍陷入了啟蒙運動最深層的假定，即世界實際上是一個理性的體系——只要理性被具體地加以理解。關於現實，沒有甚麼是理性不能進入的。另一方面，後現代的觀點是，這有點過頭了，真理在四處奔走，但我們不能確定它在去往何方，也不知道它只是一個統一的東西，對於它最終會怎樣我們保留我們的看法。海德格爾、德里達等哲學家認為，歷史就像是一隻滾動的骰子，沒有甚麼是受到擔保的，真理可能會一直被遮蔽着，結果可能會很糟糕。另一方面，黑格爾認為歷史是確定的，是得到精神的擔保的——我們可以把它視為一家偉大的德國保險公司，有着無限的資源給所有災難上保險，使一切都沿着正確的道路前進。（聽上去就像是歐盟今天需要的東西。）但是在 20 世紀的大屠殺之後，後現代強烈地懷疑，歷史是上帝生命在時間的展開，這會讓我們回到神正論的老問題，要想辦法說最壞的惡魔只是上帝無限又神秘的計劃的一個部分。如利奧塔所說，去尋找大屠殺背後神聖的愛是猥褻的。如果黑格爾活過了 20 世紀，他可能會重新思考他的立場。

如果我們迫使黑格爾為絕對真理提供一個例證，我們就能看出黑格爾哪裏錯了。他會帶着適當的謙虛回答說，他那個時代的普魯士君主立憲政體，特別是柏林大學，現在他想想，尤其是哲學系，正是上帝的生命在世間的巔峰。這種觀點會讓齊克果笑得抽搐。這真是瘋了！至少對於我正在努力為我們的後現代想像的古怪的智慧來說，這不是一個好榜樣，後現代依賴的是多種小的真理。有了黑格爾，我們達到了古希臘人最先稱為哲學的極致，但是他飛得距離太陽太近了。古希臘人開始時稱哲學是熱愛尋求真理，黑格爾有時聽上去是在取消這種尋求，宣稱他已經發現了真理，這把我們又帶回了萊辛關於選擇上帝的左手的論文，只適合尋找真理的凡人，而不是努力去佔據上帝的視角，聲稱獲得了真理。

　　黑格爾引發了反哲學或後哲學的洪流，在這場洪流中哲學家們從哲學上反對黑格爾，反對哲學在黑格爾那裏抓取的驚人的範圍。他的繼任者以各種方式反抗他——做一個更加唯物主義而不是唯心主義的人（馬克思），對存在主義的個人而不是世界歷史更感興趣（齊克果），更加無神論而不是萬有在神論（尼采）。他們都對真正具體的東西提出了不同的候選者，但是他們沒有爭論具體是而且必須是真理。所以，還有更多的工作要做。齊克果會堅持說，真正具體的真理是具體存在着的、孤獨地站在上帝面前的個人，而在尼采看來，真正具體的個人公開肯定了不信神的對世間和時間、肉體生活的愛，而"真理"不在於屈服於基督教和柏拉圖主義延續的虛幻的超自然的真理。接下來我會說明，對於真理今天所做的最後的後現代轉向，黑格爾、齊克果和尼采如何分別貢獻了一些關鍵的東西。

第 5 章　後現代預言家

　　齊克果和尼采是我們擁有的最接近於現代或者説後現代預言家的人物。他們無比準確地説出了我們在現代的命運，集中批判了真理在現代經歷的腐敗和衰朽。對一個哲學家來説，這是一個最早的、奇怪的觀察——思考周圍的文化的腐蝕效果。我們今天所説的"文化研究"要歸功於他們，也要歸功於黑格爾。迄今為止，哲學家們認為，真理是一個純粹學術的、知性的活動。但是齊克果和尼采認為，哲學家們習慣上説的真理是一種知識上的虛構，是躺椅上的建構，孵化於學院的溫室中，而不是成長於真實世界的荒野中。另一方面，對他們來説，真理是一種深深地令人不安、使我們個人充滿"恐懼和戰慄"（齊克果）的東西，把我們送回了古希臘悲劇（尼采）——而不是虛弱的、營養不良的、跟學院外面的空氣接觸之後幾乎立刻就會枯萎的東西。真理是一種充滿血液、會流汗、流淚的東西，它會在我們沒有防備的時候拜訪我們，迫使我們凝視着深淵。他們取笑蒼白的哲學家們給真理下的佈滿粉筆灰的定義，尼采稱之為"蒸發的現實最後的煙霧"[1]。所以尼采關上了他身後普遍性的大門，開始了漫遊、自由思考的生活，在路上或者在遠足時記下筆記，基本上過着孤獨的生活，只有幾個朋友，不停地旅行。齊克果大部分時間都待在哥本哈根，但是跟尼采一樣，他是一位傑出的文體家和同樣傑出的諷刺作家，嘲諷學院派哲學家製造的概念堡壘導致真實的生活在更加簡陋的地方蒸發掉了，他對神學家們更加嚴厲。

雖然齊克果和尼采都沒聽到過，但他們是後來所説的後現代主義的奠基人。要看到：哲學家們通過攻擊哲學來創建哲學，作為反哲學的哲學，不只是批判地限制其自命不凡，而且是真的攻擊、奚落、嘲笑它。我們不能確定他們是在以不同的方式從事哲學，還是在做某種跟哲學完全不同的工作。我們甚至不能確定我們是否應該稱他們為哲學家，如果這麼做不只是憐憫圖書管理員，他們必須得找個地方放他們那麼多著作。我們唯一確定的是，不管怎樣，他們是無法比較的、不同的，實際上他們關心的正是不同的權利，個人要求不同於在現代歐洲文明的名義下形成的眾人的權利。二人都未曾結過婚，他們跟女性痛苦的關係給心理學家和心理分

1　尼采，《偶像的黃昏》，R.J.Hollingdale 譯（企鵝經典，1973），第一部分，15-36 頁。

析師提供了無窮的研究材料。齊克果對他被打破的婚約一直耿耿於懷，尼采則是喜歡那些對他的思想感興趣的女性，但是他沒有愛上她們的心靈。也許就應該如此。也許他們遭受的磨難和孤獨是他們創作的條件。

在他們眾多的革新中，我尤其珍視的是齊克果和尼采把笑引入了他們的著作，這代表了一種前所未有的跟缺乏幽默感的哲學傳統的決裂。（據說康德曾經把笑話寫進他的講稿，以減輕德語語調的重負，但它們像石頭一樣掉下。）沒有笑聲，真理就不能被聽見、被感覺到、被欣賞，笑聲能推倒哲學家們監禁他們無精打采的冒名頂替者的牆壁。從大學寫作正常化的禮儀中解放出來之後 —— 他們無需擔心要獲得教職 —— 他們的著作熾熱地批判和嘲弄歐洲文化和思想。他們認為，歐洲已經奄奄一息，或者迅速變得奄奄一息，他們還認為真理需要勇氣和冷酷，需要忍耐力：對着深淵發笑。

你很快就會注意到，齊克果和尼采不是民主主義者。他們的政治會讓當代民主主義者的感受力受到衝擊。尼采擔心，識字能力的普及會把閱讀變成廣大的人羣具有的能力。齊克果鄙視現代媒體，經常精彩地戲言媒體以及剛剛出現的現代溝通技術造成的降格的各種表現。他們對現代尋求政治自由時對一般文化造成的腐蝕甚至退化效果感到煩憂。他們擔心現代的平等主義和民主運動 —— 標準化、淺薄化，拉平效應防範任何獨特的東西的出現（想都不要想他們會怎麼評價互聯網）。確實，熱愛民主自由的人可以用這些批評來建設一個更好的民主，但是他們需要不間斷地注視這些預言家負隅頑抗的政治。

　　然而，雖然他們都認為當前的時代已經變得毫無激情，他們都想重新撥旺熱烈的生活之火，但他們心目中是相反的激情：齊克果讚揚的是對亞伯拉罕和基督教殉道者們充滿激情的信仰，尼采是對古希臘悲劇、"人生的悲劇感"異教徒式的激情。他們都認為，生命是一個完全沒有理由的事件——齊克果抱怨道，為甚麼關於我的出生沒人問過我的意見？尼采把生命當作宇宙中的意外、愚蠢的宇宙運氣的一個片段；齊克果把生命看作一個神秘莫測但是有神意的上帝的恩典，是神的愛。尼采是西方人目前已知最傑出、最雄辯、最無情的無神論者。他是"寡廉鮮恥"地宣稱"上帝已死"的那位哲學家。另一方面，齊克果是過去二百年間最傑出的沉思的基督教作家。他的思考如此深地切入了人類境況的質地中，以致連最冷酷的無神論者也不會認為他們從他那兒學不到任何東西。同樣的，雖然尼采對宗教做了惡毒的攻擊，他對宗教堆積了侮辱，他完全蔑視宗教心理學，但宗教思想家一次次地去他那兒尋找靈感。他們都對基督教發起了猛烈的攻擊，一個以基督的名義，一個以反基督的名義。但很能說明問題的是，他們的攻擊很類似：基督教歐洲病了。齊克果希望恢復基督教健康的使徒的熱情，而尼采則致力於揭示出它是一種需要消滅的疾病。他們都宣導齊克果所說的"存在"

的激情，以及尼采所説的“生命”的激情（我們將分析為何詞語的選擇會帶來差別）。但不管他們有甚麼不同，他們都贊同，真理不是思考的問題，而是存在，是生存的問題。不是要去寫東西討論它，而是要滿腔熱血地活出它。

齊克果：資產階級中的真理

在《一個總結性的非科學手稿》（1844）中，作者約翰尼斯·克利馬古（齊克果使用的最重要的筆名之一）告訴我們，他成為作家，是在一個星期天的下午，他在腓特烈斯貝里花園抽煙時受到了召喚：

不管你看文學或人生的甚麼地方，你看到的都是那個年代的捐助者，他們知道如何使日子越來越好過，從而幫助人類，有的是通過鐵路，其他的通過公共汽車和汽船，還有的是通過電報，通過好懂的關於一切值得認識的東西的調查和簡報，最後，真正的捐助者是用思想系統地令精神存在變得越來越好過但又越來越有意義 —— 你在做甚麼？你一定要做點甚麼，但既然你能力有限，不可能讓任何事變得更容易，你必須像其他人一樣，以同樣的人道主義熱情挺身而出，把某件事變得困難，當把一切都拼在一起時，以各種方式讓一切變得更容易，這樣仍然存在着唯一可能的危險，即，容易變得如此巨大，以致它會變得太過容易。所以只存在一種缺乏，雖然還未被感覺到，即困難的缺乏。[2]

　　齊克果是最早的住在一個類似現代城市的地方的哲學家之一，他是第一個認為令人眩暈的速度，來回奔走，公共汽車、鐵路、汽船、報紙和電報，對真理形成威脅的人。這些便利促進了一切——旅行、資訊、溝通、思想本身——他們用一個真正的威脅威脅到了我們：事情在變得太過容易。難的是缺少困難，它奪走了生命的實質和深度。這對真理來說是一場災難——毫無激情的真理，虛弱、疲倦、無味，像去公園裏抽煙一樣容易，也像抽煙一樣縹緲。在這裏，真理的故事到了一個轉振點。列車已經離開了把真理當做一種抽象的哲學觀念的月台。以前的哲學家從沒擔心過真理會患上貧血症，以前也沒人從鐵路、公車、電報、城市生活這些方面來思考真理。[3] 我們能想像康德寫一段這樣的文字嗎？

　　確實，跟那時的倫敦或巴黎相比，19 世紀中期的哥本哈根只是一個中等規模的城市（人口是 125000 人），並不迫切需要地鐵，距離 21 世紀的城市還很遙遠。但是齊克果

2　齊克果，《非科學的後記》，第 186 頁。

3　關於齊克果和該城最好的著作是 George Pattison 著《可憐的巴黎！：齊克果對壯觀之城的批判》，*'Poor Paris!': Kierkegaard's Critique of the Spectacular City* （Berlin and New York: Walter de Gruyter, 1999）以及《齊克果與對清晰人生的追求》，*Kierkegaard and the Quest for the Unambiguous Life*（Oxford: Oxford University Press, 2013）。

高度警覺，他像先知一樣感覺到了地上鋪了甚麼、19 世紀及之後的歐洲文化身上發生了甚麼、在先進的資訊和交通體系的時代，生命的身上會發生甚麼。19 世紀的哥本哈根是一個縮影，一個室外實驗室，仍然能夠從一頭走到另一頭，是一個他可以經常巡視、一絲不苟地加以觀察的城市。這個城市有一個繁榮的港口，有着繁華的商業生活，正處於知識和文化的黃金時代（漢斯・克利斯蒂安・安徒生的時代），作為丹麥的首都，它是一個繁榮的貴族統治的國家。哥本哈根有時尚的購物區，甚至可以誇耀說擁有世界上最早的主題公園 —— 蒂沃利公園，它距離市中心只有一小段路程。克利馬古指責說它是一個奇怪的東西，是讓人注意力渙散的源頭，一種使得永恆顯得枯燥的短暫的娛樂；它是一種用不停變化的外部事物代替內心增長的幻覺 —— 內心的增長才能賦予生命深層樂趣。[4]

齊克果出生於市中心，他父親是一個相當聰明的人，比他的名人兒子還喜歡思考。他父親是一個成功的商人，他們一家住在該市最時尚的區域之一，挨着法院，處於該市生機勃勃的文化中心。齊克果的父親給他留下了充裕的遺產，還給了他獨立性，使他能夠補貼他的著作的出版，鑒於他的許多書都賣得很差，這是一件好事。他不需要做牧師或者教授

4　齊克果，《非科學的後記》，第 286 頁。

來謀生，這使他能夠自由地無情地攻擊那些要謀生的人的缺點。齊克果在多種意義上都是一個世界上的陌生人，是基督教殉道者的崇拜者，他還是一個現代都市人，能夠利用城市提供的一切——從優秀的歌劇到華美的店舖和咖啡館，以及偶爾逃到鄉下或跳上船去柏林待一星期的機會。齊克果被證明是特別敏銳地觀察世界的人，出色地記錄了安東尼·特羅洛普所說的"我們現在的生活方式"。他幾乎沒看到將要到來的東西，噴氣機旅行和新資訊技術帶來的巨變，但是他對事物的觀察足夠清晰，所以他的抱怨今天仍在我們耳邊迴響。

他觀察到，在這個現代、繁華的城市，基督教的真理幾乎已經死了，被繁華、商業、干擾、快樂和生活的快節奏給窒息了。這如何可能呢？路德會教派是體制化的宗教，牧師們受到政府的支持，地方上的教堂非常漂亮。教會擁有它需要的一切，從高收入的牧師到最新式的蠟燭和祈禱書。確實如此，齊克果認為。一度，做一個基督徒意味着使自己的生命面臨危險，成為獅子的美餐。現在一切都很容易，包括成為一名基督徒。基督教——他思考的基本上是丹麥和德國的路德教派——已經完全忘記了耶穌的十字架和道成肉身的悖論。它把它的基督教遺產當作迅速發展的基督教文化的又一個裝飾品，人人都是基督徒，但沒有任何人有着糟糕的做基督徒的品位。它已經把真正的使徒的基督教的葡萄酒變成了輕鬆的資產階級基督教的水。他說，每個人星期天上午都會去教堂，當牧師說"沒有上帝，一個人甚麼也做不了"時虔誠地低下頭。禮拜儀式結束後，他們在腓特烈斯貝花園度過週日的下午，家人乘船沿着運河漂流，戀人們攜手在壯麗的皇家花園裏漫步（孤身一人的齊克果看着他們從自己眼前經過！）。到了週一上午，他們開始證明他們能幹多少事，直到下一個星期天上午之前都不會想到或提到上帝。這是他所説的"基督教世界"，資產階級的基督教，在那裏一切都是安全的、容易的，在那裏普通基督徒的日常生活跟無神論者一樣好。如果他自己想到了它，他可以用尼采的話説上帝"死了"，如果"上帝"的意思是一種生活方式、一種活生生的信仰，一個改變了你所想、所做的一切的事件（這是真理這個詞的感染力），作為基督徒不只是資產階級的體面。

對我來説為真的真理

齊克果年輕時在日記中寫道，"要做的是找到對我來説是真理的真理，找到我願意為它活着、為它而死的思想。"[5]他用這些話在對真理的哲學討論中發起了一場革命，但這在古典思想中並不是沒有先例的：對真理的尋求是對智慧的尋求的必要組成部分。差別在於，他所説的真理不依賴柏拉圖區分的形而上的真正的世界和現象世界，而是真正的基督徒的生活和虛假的基督徒的生活的區別，更寬泛地説 —— 這是

5　Alastair Hannay，《齊克果論文和日記選》，Alastair Hannay 譯（London and New York: Penguin Books，1996），pp.32-33.

為何非神學的頭腦也會喜歡齊克果 —— 是海德格爾所説的"本真"的生活和順從的、"非本真"的生活的區別。齊克果是第一個提出這一問題的哲學家：真理如何從"公眾"的腐蝕作用中倖存下來？他使"公眾"成為一個哲學範疇，是一種只有出現了媒體和現代城市生活，才有可能出現公眾這一明顯是現代的現象。"公眾"由"閒談"、"他人説"的話組成，思想在別人説的話"裏"，並且會把話傳下去，人云亦云、從不自己思考就夠了。[6] 這把基督教信仰還原成了一種欺騙，一種欺詐，一種劇場表演，在哪裏都找不到真正的基督教 —— 它的真理被資產階級文化給腐化了，到目前為止哲學還沒考慮過這種文化。

因此，齊克果作為作家的天職就是，恢復事情真正的難度，這不是過去哲學正常的工作。齊克果在處理的既不是命題性真理，也不是本體論的真理，而是他所説的"存在主義的真理"。對他來説，真理不是真正的信仰的問題，而是真正地相信、真正地存在。對齊克果來説，真理問題是消除幻覺的問題，揭穿"他們"説的東西製造的虛飾，"他們"不是某個特定的人。"他們"實際上不是任何人，它是一個幻影，一個虛空，對個人行使着看不見的獨裁，它是媒體、電報、

---

6 《齊克果全集》，第 14 卷《兩個年代：革命年代和當代》(*Two Ages: The Age of Revolution and the Present Age*)，Howard and Edna Hong 主編並翻譯（Princeton：Princeton University Press，1978）。

公車和現代都市生活的習慣製造的一個幽靈。公眾遭受了這種幻覺，以為真理得自民意調查，把無數不動腦子的大眾的意見匯集起來，以為那就算作思考。

他的挑戰，是要讓人們相信，成為他們被哄騙着相信他們已經是的，具有雙重的複雜性：首先他要讓他們從蒙蔽他們的"誤解"中醒悟過來，以為他們已經在真理中（基督教的），其實不然——鬧劇和笑柄由此而來——然後要說服他們擔負起成為基督徒的任務，對此他們當然以為他們早就做過了：他們家所有人都是基督徒，他們有洗禮證書來證明，近來沒有人改宗到印度教。如果到達一個遙遠的島嶼，那裏沒有人聽說過基督教，然後向當地人傳遞福音，抓住機會，麻煩就會減少一半。至少齊克果不需要去消除誤解了，不需要去說服當地人，他們還不是他在鼓勵他們要成為的人。在這一點上，他以蘇格拉底為榜樣，蘇格拉底一開始要讓雅典人相信，他們並不知道他們自以為知道的東西。

齊克果認為，誤解的基礎是，資產階級基督教完全去除了在日常生活中做基督徒的難度，連黑格爾主義者也去除了信仰的難度，把基督教的啟示當做一個在哲學系加以破譯的好故事。基督徒認為基督教的真理像你臉上的鼻子一樣清楚，一個人不會不是基督徒，就像一個人不會光着身子出現在歌劇中。他們都忘記了那個悖論。想像一下，有個人在星期天的下午在腓特烈斯貝花園侃侃而談，聲稱他是神，一個神一樣的人，聲稱他會行奇跡來支持他的說法。我們會叫警員移走這一打擾公眾的人，建議把這個可憐的人送進精神病院，看醫生能不能弄清他的瘋狂。如果我們要消除 19 世紀麻木的效果，使我們自己成為基督和他的一羣使徒的同時代人，我們就必須恢復難度，恢復基督出現的創傷和偉大的悖論，這需要我們把神的本性和人的本性、宇宙的創造者和出生在馬槽中的嬰兒拼在一起。黑格爾認為基督這一人物是一個圖像，可以用哲學概念加以澄清和緩和，齊克果則希望維持和加強這一對立。對齊克果來說，基督既是一個邏輯悖論（跟黑格爾主義者相反），又是一個道德上的"冒犯"（冒犯資產階級），它令我們的感情感到厭惡。所謂道德上的侵犯，他指的是常人形式的上帝這一醜聞：吃東西、流汗、變得疲倦骯髒，甚至還有難以啟齒的趨向於我們的消化道的方面，除此之外，還承受了作為一名普通罪犯被公開處死的苦難和羞辱。

真理是主觀性

如果齊克果或他的筆名小隊想出一個真理的標準，那肯定會包括血液、汗水和淚水。基督教世界是由平靜的基督徒組成的，T.S. 艾略特後來稱他們為"空心人"，這些人一刻都沒懷疑過他們是真正的基督徒。齊克果作為作家的任務是，去攪動他們的平靜，恢復基督教信仰的難度，說服他們在最後審判日手持受洗證是不夠的，就像航空公司的乘客試圖通過安檢。他説的是，不管真理是甚麼，它都不會輕易出現；它到來時必定會包含相當多的恐懼和戰慄。一個真正的基督徒不是名字被記錄在郊區登記冊中的人，而是"用心靈和誠實"做基督徒的人。真理意味着活出真理，誠實地，真正地，齊克果説這不是一個"甚麼"的問題，而是"怎樣"的問題；不是你相信甚麼而是你怎樣相信它的問題。他説，真理是"主觀性"，是一個"存在主義"的問題，是存在着的個人面臨的問題，這樣的人是真正"具體的"。"存在主義的"一詞注定要進入史書。20 世紀 20 年代，它暴風雨一般地佔領了德國哲學界，戰後又佔據了法國，最後在 50 年代的美國上了岸。但是我們不能忘記，最早抓住了真理的存在主義特徵的人是有信仰的：奧古斯丁和帕斯卡（1623—1662）是它的先鋒，齊克果是它的詩人，令人難忘地描繪了上帝面前孤單地存在的個人肖像——而不是在星期天的禮拜上疲倦地復述教義或者讓自己的信仰人盡皆知。存在主義的真理依賴"上帝關係"，依賴於隻身站在上帝面前得到的白光，一切永恆都懸而未決。在那種光下面，人的外在狀況——富有還是貧窮、男人還是女人——都只是在時間舞台上扮演的角色，是演員穿在外面的戲服，死的時候會被脱掉。他説，不要把外面的衣服繫得太緊。要記住，在上帝面前，我們都是平等的，每個人都要對我們永恆的命運負責，每個人都同樣珍貴，所以現代的"個人"觀念有其基督教—新教根源。

齊克果的真理觀依賴於客觀真理和主觀真理這一著名

的區分。[7] 在主觀真理中，我們把存在的主體減縮至零，把重點放在客體上面。對於一個陳述的客觀真理來說，聲稱 "2+2=4" 的人是誰並不重要。他也許禿頂，也許頭髮茂密，很高或很矮，善良或者邪惡。他甚至可能在說謊，也就是說，他可能愚蠢地以為這個陳述是假的，他在欺騙我們。然而，他所說的是真的，在計算出結果為 4 時，他的個人傾向並不重要。在存在主義的真理中，情況完全相反：我們把客體減縮至零，把重點放在存在着的主體上，以致不管陳述在客觀上有多真，重要的是齊克果所說的"主觀的挪用"，存在着的主體跟客體是如何相互關聯的。比如，這不僅是一個例子，你是作為一個博學的神學家自豪地站在上帝面前，還是作為一個沒有學問、滿腦子迷信、用精神和誠實崇拜的人站在上帝面前？齊克果不是否認客觀真理，不是否認數學和天文學跟客觀真理有關；他的觀點是基督教不能跟客觀真理相混淆。對齊克果來說，基督教是一種存在主義的真理，意思是它必須實現於我們在個人生活中的存在方式，上帝的名字是一件事的名字。有趣的是，如果齊克果是正確的，同樣的道理也適用於任何宗教傳統的真理，而不是適合基督教，這是後現代宗教理論家們得出的結論。

鑒於齊克果的真理觀和他作為作者的任務、他的諷刺天

7　齊克果，《非科學的後記》，189-204 頁。

賦，他選擇的方法是幽默和辛辣的反諷。他像笛卡兒重視數學、蘇格拉底重視惱人的問題一樣重視笑。他堅持認為基督是一個純粹的、十足的悖論，但他還堅持認為，哲學家和教士十足地可笑。齊克果把他的時間十分平均地分配在諷刺學者和教士上。他一些絕妙的句子都是責罵當地教授的，他認為那些教授距離蘇格拉底十分遙遠，當地的教士跟使徒們的基督教也隔着遙遠的距離。在他看來，哲學家們佔據了尤其可笑的位置，他們忘記了他們的存在，而教士們靠着耶穌受難過着利潤可觀的生活。

　　齊克果聽到黑格爾説，活着的個人的激情只是世界歷史精神在穿越世界歷史時狡猾地使用的臨時手段。重要的是個人生活的結果，而不是他們的內在生活、他們的個人動機、他們作為個人的特質。亞歷山大大帝和拿破崙也許作為個人是惡魔，但即使如此，對黑格爾來說這毫無關係。重要的只是他們的生命的客觀結果，推動了世界歷史的進程，踩着受害者的身體向上爬。精神在歷史中行進時踐踏了許多無辜的花朵。對齊克果來説，這證明客觀真理 —— 在這裏是歷史的客觀真理 —— 的破壞性。重要的不是歷史的審判，而是上帝審判。因為如果一個人得到了全世界但失去了靈魂又有甚麼意義呢？重要的是內心的純潔，而不是世界—歷史的結果。重要的不是歷史在絕對穿越時間中的地位，而是我的靈魂的歷史，孤獨地面對上帝。個人和絕對之間的緊張強化了存在的激情，在其中個人作了在永恆中迴響的決定。他有一句名言：我們活在永恆面前，聽着大廳裏的鐘聲敲響。存在着的個人，他所說的"孤單的人"，既不是絕對（黑格爾）的生命中的一刻，也不是一個物種的一個例子（柏拉圖和亞里士多德）。個人不是普遍性（跌落下來）的一個"事例"，而是上升到存在主義真理的頂峰。對一個本真的、忠實於自己的人來說，還有比不贊成個人的獨特性的流言和媒體的閒談更不重要的了嗎？ 如果一個人內心的真理腐敗了，還有比在宴會派對上表現風趣（齊克果本人），或者成功的教授職業（他被拒絕給予的教職），或者被選為主教（齊克果的哥哥），以及印度的歷史（黑格爾）更不重要的嗎？如果客觀真理的獲得是以存在主義真理為代價的，還有比客觀真理更不重要的嗎？

齊克果對宗教的重複指向是重複被丟失的早期基督教的熱情，使徒和殉道者的時代，但是這種熱情有可能最後會成為宗教狂熱、宗教的瘋狂。所以我要開始指出借助齊克果來消除純粹理性的瘋狂很諷刺 —— 我們需要一種比這個更加平衡的對理性的批判，那種批判不會繼續齊克果的信仰騎士樂於發起的信仰和理性之戰。除非仔細加以限定，不然尋找"對我來說為真的真理"這一任務距離哲學家們擔心的相對主義只有一步之遙。對我為真的不一定對你為真，但是在這個方向上我們可以走多遠？在《恐懼與戰慄》中，他對一個《聖經》故事作了傑出的但令人不安的分析：亞伯拉罕受到上帝的考驗，上帝讓他用他心愛的兒子獻祭，來證明他的信仰（《創世記》22）。在這一分析中我們看到了麻煩的第一個清晰的表徵。齊克果維護這一觀點：亞伯拉罕可以在宗教的基礎上"暫停"道德對謀殺的禁止：亞伯拉罕（乃至其他任何人）可以取走他兒子（乃至其他任何人）的性命，如果這一行為真的是上帝直接命令的獻祭。但是用這種宗教的瘋狂來制衡純粹理性的瘋狂不是解決辦法。（實際上，還有另一種更加道德的解讀這一故事的方法，把它當做人類獻祭的終結的故事，但是齊克果會駁斥這種解讀，說這是理性主義學院派聖經學者在試圖逃避《聖經》中資訊的感染力。）

說真的，齊克果是我的偶像之一，是我愛好的學者之一，也是我從事哲學研究的原因之一。我永遠都說不清我有多麼感激他。但我還是要說，他的信仰觀，最終，哪怕是採取了所有的預防措施，都會允許父母用無辜的孩子獻祭。這會傷透父母的心（所以才叫獻祭），但是忠實於上帝的命令的父母會聽從上帝的命令，因為他相信那是上帝的命令。齊克果的上帝是一個至高無上的、不可理解的意志（一種致命的組合），他的命令我們要聽從，而不是要去理解。在齊克果那裏，說上帝是真理就會變得一團糟。

這一點在他生命的盡頭我們可以看得很清楚，他說基督教的意義是終止罪惡，罪惡是通過人類來到世界上的，它的傳播依賴於原罪喚醒的性慾，基督教的義務就是終止它。當一對誠摯的年輕夫妻敲教區長的門，要他安排他們的婚禮，這位牧師的首要責任是勸他們不要結婚。但通常教士更感興趣的是在盡他作為基督徒的義務時，掙到主持儀式的酬金。這回笑話沒有取得預期的效果；齊克果對婚姻的鄙視是病態的、憤世嫉俗的。獨身主義成了規則，而不是例外。齊克果讀過叔本華的著作，而叔本華是一個著名的悲觀主義者，他憎恨身體，齊克果受到這種"厭惡到死"的態度的影響，不然關於身體他會寫得很好。他的健康狀況惡化，身體垮了，之後不久就去世了，42 歲時他已經像一個老人，相信天使將護送這一堆骨頭進入來世。這遠不是甚麼智慧，給我們留下了一種片面的、抽象意義上的真理，它將自行崩潰。尼采擔心的正是這種基督教帶來的對生命的厭惡，尼采對歐洲文化的腐朽發起了同樣精彩的攻擊，他的攻擊與齊克果的攻擊既相似又相反。當然，尼采臨終前比這位憂鬱的丹麥人處於更加嚴重的精神動盪中。

尼采在路上

在歐洲的大哲學家中，弗里德里希·尼采是第一個廣泛利用現代鐵路系統的人，這使得他能夠在歐洲南部到處旅行，在路上開展他的思考。1868 年，在他非常年輕的時候、在他還沒有完成他的正式學習前，他就被任命為巴塞爾大學古典學教授，但這段時間他過得很不穩定，十年後他辭職了。他的身體很糟糕，他對學院生活毫無熱情，學院對他也不熱衷，因為 1872 年他出版了《悲劇的誕生》，震驚了學界，他在書中思考了狄奧尼索斯和阿波羅，違背了保守的文獻學研究的規範。[8] 在巴塞爾之後，他開始了十年不間斷的旅行。如果沒有新的鐵路系統，這種旅行是幾乎不可能的，雖然他對小鎮和遙遠地方的訪問也會需要馬車和大量的步行。康德一輩子都待在同一個地方，建構了一個威嚴的哲學體系，尼采以驚人的速度轉換城鎮和酒店，幾乎完全以格言體寫作。他採用了一種光彩奪目的躍動的散文，從一個主題跳到另一個主題，頭昏眼花的讀者努力弄清它們如何結合在一起，這個問題讓哲學學者們一直被有償僱用到現在。他在巴塞爾之後的生活是破碎的，他的著作是不系統的，有人會說他的著作特別含混。在這裏要讚揚鐵路。尼采能夠用上現代的旅行系統，使得這位元漫遊的天才真正地漫遊起來，去表現他對變化和生成的熱愛。

尼采每一句精彩的格言都像一支箭一樣扎入我們的藏身之處，穿透被他諷刺地稱為柏拉圖的"真實"世界，絕對和不變存在的世界。各種犀利、簡練的格言，都靈、尼斯、錫爾斯—瑪麗亞、科摩湖等各種地方，以及其他數不清的歐洲度假勝地，各種力量 —— 就像當代物理學中的量子 —— 被概括到了簡化為"權力意志"的哲學中，這個名稱會讓人誤以為只有意志叫做"意志"的東西，而不是許多不斷地相互

8　尼采，《悲劇的誕生和其他著作》。

鬥爭的微型力量。他的旅行意志，他對純粹理性體系的不信任，使得他成為康德的反面，康德一直被困在古老的、灰色的哥尼斯堡。在大寫的真理的位置上 —— 這是從柏拉圖一直到現在的哲學家們的標誌 —— 尼采放上了許多小的真理，它們相互爭奪在他的筆記、書信和最後的出版物中露面 15 分鐘的機會。在他智力處於頂峰的時期，他在意大利和法國南部漫遊，在南歐一些最漂亮的靜養之地，為他虛弱的身體尋找一個避難所，也是在尋找一個有助於他寫作的地方。他還喜歡散步、在途中寫作。他也許是現代第一個哲學家—旅人，他像現代學者乘飛機從一個會議跳到另一個會議一樣，搭乘火車前往各地。他坦率地說，他喜歡南方的一切，陽光和溫暖的天氣，使他能夠跟他的祖國德國保持一些距離。他是世界上的陌生人；一個無根的人，認為在事物的根基處有一道深淵。

真理是我們已經忘了它是虛構的虛構

鑒於柏拉圖和基督教傳統對真理的稱呼 —— 他曾經說基督教是"人民的柏拉圖主義" —— 尼采說，他更喜歡虛構、虛假和意見，非常感謝你。他採取生命的立場，認為不管真理的意思是甚麼，它必須服務於生命的目標，不然它就沒有目標，或者更壞的是，有着完全破壞性的目標。還很年輕的時候，他寫了一篇論文，題為"論非道德意義上的真理和謊言"，他在文中提出了一個值得紀念的有悖常情的真理的定義，這是一個盡可能地遠離柏拉圖的定義：

　　許多可移動的比喻、轉喻和擬人論：簡而言之，一組被詩意地、講究修辭地強化、改變、潤色的人類關係，在使用很久之後，讓人覺得是固定的、經典的、有約束力的。真理是我們已經忘記它們是虛構的虛構；它們是已經被用壞了的比喻，已經耗盡了引起感覺的力量，是圖案已經磨掉了的錢幣，現在被認為是金屬而不再是錢幣。[9]

　　真理是我們已經忘記它們是虛構的虛構，一個移動的比喻大軍，努力做成點事情。這是一個特別的決定。尼采沒有把真理放在第一位。他把生命放在第一位，使真理為生命服務，他用了"生命"這個詞各種層面的含義，從最深層的生物學源頭到人生的樂趣。他認為知道真理就像擁有牙齒：它必須服務於生命的某個功能，幫助促進生命的繁榮和興盛。它肯定不是一個女神，當他許可"神"這個詞時，它的意思是生命或笑。他總結說，哲學上所說的真理，古希臘哲學家柏拉圖等人做主的時候，真理更像是死亡。它對生命毫無用處，或者比沒有用處更糟糕的是，必須用它的反面來取代它。在真理的歷史上，尼采是一個炸彈，一個投火把的人，

9　《論非道德意義上的真理和謊言》，見《哲學和真理：尼采 1870 年代初筆記選》，Daniel Breazeale 主編 並 翻 譯（Atlantic Highlands，NJ：Humanities Press，1979），第 84 頁。尼采的真理觀很好地呈現在了《超善惡》的第三章中。

如他自己描述他自己的那樣，是一個"錘子"。之前或者之後都沒有人那樣攻擊過真理。從未有人敢於出來反對真理，或者聲稱真理並不是最重要的。那樣做不僅顯得不明智，而且就是發瘋，最終尼采也確實瘋了，醫學意義上的瘋。如果這對他個人來說不那麼悲劇的話，我們會忍不住說，對一個浪漫主義者或者反浪漫主義的英雄、對一個適合擔任現代性"煤礦中的金絲雀"的人來說，發瘋是一個恰當的結局。

尼采因為說了"上帝已死"那句名言而得到了虔誠的信徒們的注意（不出所料，信徒們反駁說"上帝說，尼采已死。"），尼采這句話說的肯定是上帝，但不僅是上帝，如果我們可以這麼說這件事的話。他指的是古希臘哲學家們建構的真理的整個秩序，後來又增加了跟基督教不神聖的聯姻，造成了可怕的（對他來說）柏拉圖主義—基督教傳統及其二元對立的體系：存在 / 生成，真理 / 意見，永恆 / 時間，靈魂 / 身體，超感覺 / 感覺。他致力於顛倒這些對立，站在身體、變化、時間和生成這一邊，二元對立中較低或者更不名譽的一邊。這並不是說他總是站在弱者一側，因為在舊的秩序中還有其他的他熱情地接受的二元對立，比如主人 / 奴隸，貴族 / 平民，男人 / 女人。實際上他是一個著名的精英主義者，支持家長制、反民主。他譴責法國大革命讓貴族們感到心虛。尼采追溯了西方傳統的根源、它最基本的假設，作為一個激進的思想家，他帶來了兩種後果，既有解放（從教會和來世解放出來）又有反動（反現代），但無論哪一方面，他都不能被簡單地加以分類和貼標籤。

那麼，一個哲學家否認真理（持這一立場永遠都通不過教授職位評定委員會的審察），這可能意味着甚麼呢？首先，非常簡單明瞭的是，這在邏輯上自相矛盾，因為聲稱"不存在真理"就會是真的，因為它是假的。這不只是詞語上的自相矛盾；這就是自相矛盾的定義。現在，既然尼采是一個早慧的天才，他應該知道邏輯學入門課第一週就教了的東西，對此大部分人也都懂，他腦子裏一定另有所想，我認為大致是這樣的：他不允許我們用真理表達的意思來評判生命；他堅持認為要由生命來評判我們用真理所指的意思。他以另一種真理觀來否認哲學中所説的真理，真理必須去適應生命，而不是相反。比如，每當"我"做一個有意識的判斷，尼采認為那不是我的"我"，而是一個背後的活力，或者生命力，或者説"權力意志"，它通過他認為的語法上虛構的"我"來發言和行動。問題不是這些判斷是真的還是假的，而是它服務於甚麼目的——生命還是死亡。被認為真的不是不動感情的判斷的結果，而是服務於生命力或權力意志的東西。20 世紀傑出的新尼采主義者德勒茲這樣解釋：每當你遇到一個判斷或慾望時，問問是誰，或者是甚麼東西在作這個判斷、在欲求。一個真理只是流經我們的身體的活力在努力上升時採取的一個視角。真理的領地是由相互競爭的活力組成的，有些更強，有些較弱。所以跟黑格爾相比，尼采是一個唯物主義者，他談論的是基本的、物理的、生物學的力量，而不是精神。進化的推動力的觀念跟他是意氣相投的，但是他批評達爾文版的進化論，在達爾文那裏是有機體適應它們的環境。尼采堅持認為是它們控制了它們的環境。

對我們這本關於真理的小書來説，尼采最有趣的地方在於，如我已經指出的，他是第一個敢於攻擊蘇格拉底的哲學家，蘇格拉底是因為其對真理的熱愛而殉道的世俗守護神，齊克果把他視為異教徒的耶穌的先驅。尼采認為，蘇格拉底從雅典人那裏得到了他應該得到的結果，因為他到處令健康的人、有創造力的人生病，使他們覺得自己無能、愚蠢、有罪，因為他們不能回答他關於他們所做事情的定義的問題。[10]

不能直直地敲釘子的人使天才的手藝人，以及能夠用雙手表演魔術的人感覺很糟糕，因為他們定義不了他們的藝術。蘇格拉底對政治家和戰士幹了同樣的事，因此奪走了城邦所有的資源，奪走了所有對城邦的幸福作出貢獻的人，就因為他們未能勉強説出他們擅長的事情的理論定義 —— 就好像那有根本的重要性似的。蘇格拉底可能還會因為同樣的原因羞辱米開朗琪羅和莫札特。蘇格拉底沒能看到，他羞辱的人知道如何做，這些人不能回答他的哲學真理觀，這是他和他的虛無主義的真理概念的過錯。蘇格拉底造成的持久的損

---

10 關於尼采對蘇格拉底的批判，見《偶像的黃昏》第二章。

害是説服了柏拉圖接受這些，阻止了一個傑出的作者燒掉他年輕時寫的悲劇，成了一個蘇格拉底式的哲學家。實際上，柏拉圖成了那個哲學家，一個確立了已經被接受的真理觀的哲學家，以及它不變的存在的標準和永恆的真理、它的理想本質和純粹形式，這些全都表達在蘇格拉底尋求的概念上清晰的定義中。之後柏拉圖主義跟基督教超世俗的力量攜手，跟它的飛離世俗生活攜手，餘下的就是歷史了——虛無主義的歷史（柏拉圖式的基督教），如尼采看見的那樣。

超善惡

　　既然尼采最首要的任務是重估傳統所説的道德的價值，如果你説他是一個反道德主義者，或者尋找處於"善惡之外"（超道德）的東西的"超道德主義者"，他會更高興的。這讓我們對尼采的激進主義有了更強烈的感覺。他不僅攻擊蘇格拉底。他不僅駛入了真理。他還摧毀了道德。他認為那些繼承而來的哲學範疇，無論是真理還是道德，都代表對生命的拒絕，是對生命的攻擊，是生命一種扭曲的、倒置的形式，所以他對基督教柏拉圖主義的顛倒是對顛倒的顛倒，因此是一種糾正。基督教柏拉圖主義者所説的倫理是給奴隸的道德，是屬於為了那些像狗一樣搖尾乞憐的人，要受到真正的人的鄙視，他稱真正的人為 übermensch（讓我們稱之為 overman——高人，因為 superman——超人——已經被演員克拉克·肯特搶先佔據了）。你在讀尼采的時候，要明白他真的是這個意思，他不會拐彎抹角。他區分了"奴隸道德"和"主人道德"，前者屬於那些跟船一起下沉的人，那些沉沒的人，那些被生命的黑暗時期擊敗的人，主人道德是那些"向上"（超）的人，他們經受得住生命的暴風雨，認為生命的緊要關頭證明了它的合理性（使它值得過），所以不受限制的快樂、生氣勃勃的生活，證明了一切苦難的合理性。這對個人來說是一種令人振奮的想法，號召人們在最壞的時候堅持住，但由於尼采在政治和文化上是一個深深地反現代、貴族氣質的人，他還把這一區分用到了全部的文化上。他認為，文化的高級成就，尤其是它的藝術，證明了背後遭受的不幸的合理性。一個社會的基礎結構（幹活的奴隸）支撐和支援社會秩序，使其更高等級的秩序的表達得以釋放。

誠實

尼采會鄙視那些迎合烏合之眾、為了贏得選舉甚麼都願意說、哪怕是赤裸裸地撒謊的政治家。他會鄙視一個你不能指望他守信的人，一個不高尚的人，一個說話不算數的人，以及不敢說出真理的怯懦的說謊者。甚麼真理？他剛剛譴責過真理。他指的是講真話、誠實、值得信任、誠實地說話和行動、"做"真理的真理，類似於一個手藝人覺得一條線"對了"（垂直）或者一個藝術家忠於他的視覺的真理。這些例子代表了尼采所說的真實，是具體的、活生生的、充滿活力的真理，一種高貴感，貴族的高尚，真實、誠實，這跟他對哲學真理的批判攜手，在他看來，哲學真理代表的是謊言、弄虛作假和對生命的否認。尼采深深地不相信、懷疑基督教——柏拉圖主義傳統稱作真理的一切東西，他認為那都是假的，是一種掩飾，源於對生命的否認和虛無主義的衝動，對時間和變化十足的畏懼，不敢直視終有一死的生命，不敢凝視深淵的最深處。

所以我們有了一種新型的真理：不是柏拉圖—基督教傳統的真理——跟偉大的存在鏈條緊密結合的真理——不是啟蒙運動那種服從理性的規則的真理。誠實是懷疑的真理，是冷酷的、不加裝飾的真理，懷疑真理的修辭表面之下醞釀的否認生命動機的真理，維護一種地下真理或誠實，它懷疑被稱為表面之上的真理是一個謊言，薩特後來稱之為"自我欺騙"。柏拉圖和哲學家們所說的大寫的真理實際上是拒絕說實話，拒絕面對真理，拒絕承認冷酷的真理，這意味着生命比那些相信大寫的理性或者上帝的人願意承認的更加深不可測、更加沒有根基、更不確定、更危險。如果你想看看到底發生了甚麼，你就要往下而不是往上看，沿着樓梯走到地下黑暗的走廊，下到泥地裏，在最深處感受一下，尋找隱藏在我們皮膚之下隱藏的力量所在的黑暗的地下深淵，不久之後佛洛依德也將在他對無意識的探索中開展這一事業。

尼采是後現代，在某種意義上甚至是後哲學的轉捩點或者說大門，在其中出現了一種非常不同的真理觀。如果我們讓尼采做一個自我描述，他會説他是一個有宗教和哲學頭腦的心理學家，解讀其隱蔽的動機，把病人和健康人、下賤的人和高貴的人區分開。他的思想力量在於他描繪的肖像的説服力，他讓宗教和柏拉圖主義的哲學看上去很糟糕的能力，以及揭露現代生活一本正經的、正派的資產階級生活背後的黑暗動機。它不是依賴於一拳致命的形而上學論證（哲學）、神的啟示（宗教）或者現代物理學（科學）。他沒有用現代科學揭穿宗教的虛構。他認為科學也是一種虛構，雖然跟基督教破壞性的（除了它使大眾安分守己之外）虛構不同，它是一種有用的、富有成效的虛構。他認出了滋擾我們的惡魔和魔鬼，他的任務就是揭露他們的冷酷、殘忍、可怕。他宣導一種冷酷的真理，一種無所畏懼的誠實，對他來説這是無條件地肯定生命的條件。在他看來，真理是一種我們必須去面對的東西，一種我們必須去鬥爭，我們希望它消失、使我們處於日常娛樂和膚淺的消遣使人平靜的安寧之中，這樣我們也許就不會注意到我們終將死去；實際上我們可能甚至注意不到，我們跟上帝一樣，已經死了。

永恆輪迴

最能清楚地説明尼采的格言和高度比喻風格的著名的含混性的，是他著名的"永恆輪迴"理論。永恆輪迴是一種神秘的思想，認為時間進程將一次又一次地重複，並且已經重複了無數次。所以讀者面對的是一種令人困惑的情境：為甚麼這個宗教和形而上學的批評者會玩弄一種可以追溯至古代波斯宗教（拜火教）的古老神話，來說明他的意思？《查拉圖斯特拉如是說》被許多人認為是尼采最重要的著作，它是一首強大的身體、塵世、世界和生成的讚歌。[11] 查拉圖斯特拉被描繪為一個反基督者，他定期從山上下來宣揚反基督教的熱愛塵世而不是熱愛死亡、上天堂的"福音"。查拉圖斯特拉受到一種黑暗的思想的折磨，他知道這種思想但他不願說，這種思想早就不知不覺地降臨到了他身上，但是他緘口不言。最終，在第三章的開頭，這個四處漫遊的佈道者看到了午夜驚恐的一幕，一個年輕的牧羊人在地上跟一條爬到了他喉嚨上的黑蛇在扭打。查拉圖斯特拉對年輕人喊"咬，咬"，那個年輕人注意到了他的建議，把黑蛇的頭咬掉了。查拉圖斯特拉說，他從沒看到過像牧羊人臉上那樣的狂喜、高興、大笑和興高采烈。我從沒看到過生命、生命意志和更多的生命，如此強烈地爆發，把午夜變成了正午，我渴望牧羊人的這種高興。

像尼采對我們解釋的那樣，這一章是一個寓言，黑蛇代表的是永恆輪迴的思想。[12] 查拉圖斯特拉抓住的思想是，這一生命，這個同樣的生命，這一刻，這個午夜，這個牧羊人和這條蛇將永恆地一次次重複出現，並且已經在過去出現了

---

11 尼采，《查拉圖斯特拉如是說》。
12 尼采，《瞧，這個人》，Hollingdale 譯，69-81 頁。

無數次。這就是查拉圖斯特拉所説的"同一"的永恆輪迴的意思，不是歷史的一般模式的輪迴，而是我們現在過着的生活的無限次重現。但是為甚麼要跟這種思想搏鬥得那麼狠？因為這種思想表明了一種可怕的命運 —— 我們被迫重複同樣的循環，一切永遠都一樣，一切都已生成，沒有甚麼是真正新的。但是這好像跟尼采尋求的一切相矛盾，即，用一種新的思想家類型、"未來的哲學家"來克服柏拉圖主義—基督教的傳統，未來的哲學家會丟掉奴隸道德，成為強壯、健康的熱愛塵世的人。因此哲學家面臨的最大考驗是熱愛這一命運，肯定生成的整個循環，高點（希臘悲劇）和低點（基督教）無休止重複的循環，一切都將一次次複歸。查拉圖斯特拉必須擁抱這種思想：奴隸道德和健康的主人將無休止地重複同樣的循環，就像午夜和正午無休止的循環。牧羊人象徵的是最終勝利時接受永恆輪迴，是一種對生命的肯定，接受無法躲避永恆輪迴的循環這一事實。每一次對奴隸道德的逃離之後都是它的回歸。我們必須低點和高點一起接受。

對於這個故事和永恆輪迴這一思想，存在着多種不同的解釋方法。尼采給出的最佳解釋，至少對我來説最有意義的是，把這一理論當作對我們自己的權力意志的測試，向我們提出一個假設性的問題：如果一個精靈過來，對你的耳朵小聲説永恆輪迴的思想會怎樣？你會認為這個精靈是一個天使還是惡魔？換言之，你內心會願意這樣過一生嗎？完全同樣的一生，在同樣的身體裏，有着同樣的樂趣和苦難，同樣的晴朗的日子和黑暗的夜晚，同樣的你幹過的下賤、愚蠢、丟臉的事情，每分鐘都一樣準確地重複，一次次地重複，永遠地，就好像你以前已經活過了無數次？你會對這種人生說是嗎？不是虛幻的天堂中無憂無慮的生活，不會生病、不會變老，而是這種生活，有它的缺點和傷痕，它的盛衰起伏？你是要時間之外的永恆的天賜之福，還是時間之中的生命的無限重複，整個的生成之輪，它全部的綁在一起的苦難和樂趣？要它（生命）或者丟掉它。對你來說，生命的苦難能被它的樂趣（希臘悲劇）證明是合理的，還是生命因為它的悲痛和死亡（柏拉圖主義—基督教）而變得可惡？生命的正午能證明它最黑暗的午夜的合理性嗎？永恆輪迴的故事提供了一個選擇的標準或原則，區分強壯的和虛弱的、最好的和最差的、高貴的和低賤的、熱愛塵世的人和熱愛死亡與虛幻的來生的。這樣解讀的話，永恆輪迴是一種"存在主義的"真理，一種存在主義的考驗，一個衡量我們內心的假設性的思想實驗，而不是一種關於現實的本質的玄思性的形而上學理論或者宗教啟示。它屬於存在主義誠實的領域。

從今以後，誠實要求我們從生命本身來理解它，不需要任何神聖的保險條款來保證一切都很好，或者最終會很好，肯定生命全部的榮耀和苦難，二者一起，分開了接受的人和不接受的人。我上面引用的那篇論文，"論非道德意義上的真理和謊言"，開始時描繪了引人注目的晚期現代主義者的形象：

從前，在宇宙某一個偏遠的角落，散落成了無數閃爍的太陽系，在其中一顆星球上聰明的動物發明了知識。那是"世界歷史"上最傲慢、最虛假的時刻，然而，那只是一個時刻。在自然喘了幾口氣之後，這顆星球開始冷卻、凝結，那些聰明的動物不得不死掉。[13]

尼采實際上在這裏運用了一些預言的能力，看到了當代物理學大爆炸理論中的一些東西，不斷膨脹的宇宙在走向熱平衡，越來越快地加速進入能量耗散。我們的太陽在閃耀、耗盡，以致在大約 50 萬億年後，地球將會消失。尼采對宇宙的天氣做了一個相對可怕的預報，面對這一結果，他建議我們肯定生命，雖然它如此短暫，如此地悲劇、艱難。

尼采在《查拉圖斯特拉如是說》的結尾，給了一個永恆輪迴積極樂觀的版本，一個年輕的男子在跟一個可愛的年輕姑娘（"生命"）跳舞。他們在舞池裏轉啊轉，當音樂停止時，那個年輕男子說，"生命是甚麼？哎，那麼，再來一次！"—— 不是因為對生命永恆的挫敗或失望，而是因為高興，生命被它的高峰證明為合理的，不管它的低潮有多低。我認為這是正確的結論，它跟尼采在年輕時早前的版本中說的完全相反，在我們宇宙的火焰熄滅、人類消失後，"甚麼都沒發

---

13 尼采，《論真理和謊言》，第 79 頁。

生！"相反，發生過的是生命，生命不會被死亡駁倒，而是會變得更珍貴，我們就像晚上的情人，因為到了早上他們必須分開。他總結說，生命作為一種"美學"現象被證明是合理的。他指的不只是藝術，雖然這是他的意思的一部分（跟許多後有神論者一樣，他認為古老的宗教將被藝術取代）。更重要的是，他說的是生命的合理性被我們的感受和對生命的激情證明了，激情是自我合法化的。他說的是，生命的高潮證明了它的合理性，生命本身會區分高潮和低谷、高貴和卑賤、強壯的和虛弱的，不是充當真理的科學或客觀標準，那需要論據、證據和證明，而是充當對誠實的存在主義測試——對生命誠實。

總而言之，源於現代性的理性的主題，使大寫的理性高於上帝和真理，把它自己跟古典的對智慧的尋求相分離，最終顯得很愚蠢。這又造成了一種反現代的反衝。第一種反應採取的是黑格爾精神形而上學的優雅形式，在其中啟蒙運動理性的形式作為抽象的時刻，被吸收至歷史中真理的具體生命。第二種反應是齊克果和尼采熾熱的、諷刺的攻擊，他們用存在主義真理的激情和異教對自然生命、世俗和時間的肯定反對啟蒙運動的理性。但是黑格爾的思想仍跟現代主義者的這一概念合謀：沒有甚麼是理性理解不了的。齊克果的思想以一種對死亡的噁心告終，使我們時間中的生命被永恆的衝擊打成了碎片。尼采對生命的肯定，是驚人的具精英主義和貴族氣。到 10 世紀末，我們面臨着選擇純粹理性造成的瘋狂，還是一種有益的、反對它的瘋狂。但不管哪一種選擇，真理仍處於啟蒙運動建立的二元對立中，信仰和理性、理性和非理性、主觀和客觀、確定和懷疑的對立。

通過質疑雙方共同的假設，20 世紀的哲學家們打開了思考真理新道路的大門。在後現代轉向時，哲學家們將表明，這些二元對立實際上是束縛，使我們不可能理解我們正在做的事情，它們實際上導致了一種脅迫 —— 如果你不支持啟蒙運動所說的大寫的理性，你就被斷定為非理性的。這就好比說如果你不支持執政黨的政策，你就是不愛國。他們展示了這些對立的範疇之間的邊界倒塌了，當觀看需要某種信仰時，信仰是一種觀看方式。在他們手中即將成形的新出現的真理觀既不仿照上帝也不仿照大寫的理性，而是仿照事件，在真理中就是留意在某個時刻我們信以為真的偶然性，要培養真理在未來可能發生的轉向的敏銳感知。簡而言之，在真理中就意味着待在事件的戲劇中，這需要冒險的意願。由此出現了後現代的真理感，它跟古代的智慧觀對應；一種符合更加混亂的世界的真理感，在這個世界事物以令人眩暈的速度移動 —— 這都被約翰尼斯・克利馬古關於打擾他內心的公車、電報和汽船的抱怨預示了。

第 6 章　後現代情境下的真理

在 20 世紀，啟蒙運動這輛公車的輪子掉了。這個世紀見證了一系列左派和右派犯下的種族滅絕罪行 —— 專制主義政治令人不安地與絕對真理的理論結伴 —— 還有核武器競賽致命的邊緣政策，沒人有心情聆聽甚麼歷史是大寫的真理、上帝的生命在空間和時間中的展開，或者事物受到純粹理性的原則的指引。那不可能是真的。任何曾經冒險出過大門的人都知道，生活顯然比這危險得多，其中有更多的因素，因此我們稱作真理的東西是一種更加難以捉摸的東西。這些事件帶來的震驚，動搖了 20 世紀的政治，同樣震驚了藝術和文學界。所以並不讓人感到意外的是，它把大西洋兩岸的哲學家送回了畫板前。在此之後，哲學家們不太可能把現實理解為在鐵軌上平穩運行的火車，或者嵌在深處的真理的展開，不管它是上帝還是理性的規則。跟他們更加合拍的是不規則而非規則，是非連續而非線性的，是混合而非純粹，是獨特而非普遍，是邊緣而非主流，是陰影、混雜而非明朗清楚，他們更願意承認事物一直能夠，也確實會出錯。無論如何，這並不等於要拋棄真理這個概念。這意味着要使它複雜化，用不那麼渴望的、理想化的詞來重新描述它，敏銳地欣賞真理會發生的變形和轉向，以經常反諷、戲仿的、偶像破壞的方式來呈現它。這才是後現代該採用的語調，與之密切相關的是，生活在一個飛速的電子溝通、全球市場和全球旅行、不停地運動和搬遷、多工和超鏈結的世界。

這個時代要感謝舊的啟蒙運動的功勞，送了它一塊金錶來表達我們的感激之情，並帶來了新鮮血液。啟蒙運動整齊的公理被拆散了，就像上帝即真理的公理只能用在佈道中。到了尋找上帝和純粹理性的替代品的時候了。那個替代品，如我之前提出的，我稱之為後現代的真理觀，它引入了事件這一概念。事件會令人不安，但是它們不會導致徹底的混亂。事件允許徹底改造，而反對它的力量的目標是阻止事件。事件是每次我們抗議按照規則所做的事情時所指的東西——"但這次不同"。差異、特質、不可程式性就是事件。獨特的並非非理性的；它需要識別能力，而不只是運用規則。電腦可以應用規則，但是要用判斷力來決定一個獨特的情況需要些甚麼。如果如我所說，事件是後現代真理觀的核心，那就需要用更加具體的詞語來充實它，以說明它在倫理學、物理學等各個領域是如何運作的。我將從這個更宏大的故事中挑出三個最重要的部分，努力從中提取後現代之道的精華。第一個轉向，我稱之為"解釋學"，它是法國和德國哲學家在馬丁・海德格爾的領導下做出的；第二個是傳奇的劍橋哲學家（奧地利出生）維特根斯坦引入的"語言遊戲"的概念；第三個是哈佛大學歷史學家和科學哲學家湯瑪斯・庫恩發展的"範式轉換"的概念。

解釋學轉向

我認為，最能概括後現代轉向的詞是"解釋學"，意思是解釋的理論。[1] 我把解釋學當作後現代真理概念變化的關鍵，並且我認為"語言遊戲"和"範式轉換"都以解釋學的真理理論為先決條件。解釋是一勞永逸地刺破絕對主義的氣球的大頭針，並且否定了純粹理性過於膨脹的特權，但又沒有使我們掉到相對主義的溝裏。我要這麼說，雖然看起來與此相反。確實，把大寫的真理的字體和體積一路降低為解釋會招致災禍。説一切都是"解釋的問題"，就是把真理扔到相對主義之車的下方，把它減縮為一個人的意見，會為主觀主義、激情和非理性打開大門。大爆炸只是某個人的意見，而堪薩斯的浸信會教友有着他們自己的意見，稱之為神創論，這種意見也一樣好。這是一個自由的國度。人人都有權作出他們自己的解釋。

1　當代解釋學的綱領式闡述見海德格爾的《存在與時間》，31-33，45，61；它最著名的呈現是伽達默爾的《真理與方法》。

那麼甚麼是"解釋"，為甚麼解釋學不只是我們聽到的"那只是意見問題"那樣的懷疑論的不理不睬？以電視上典型的犯罪劇為例。當一個無辜的人被裝入一個框架時，壞人創造了一個背景，在這個背景中那個無辜的人被弄得看上去像是有罪。要為他辯護，就要製造另一個框架，在這個框架中，這個看上去有罪的人所做的一切都被重新描述 —— 顯得有罪的證據是栽贓的，被告在犯罪現場，但他是因為其他事情才去的，等等。但關鍵的是：不管怎樣，都存在着一個框架 —— "羅織"和再組織、正確的框架和錯誤的框架。現在，把框架稱作背景，我們就可以把它提升為一個哲學原理：沒有甚麼可以脫離背景，並且沒有甚麼不會受到再情境化的影響。控方和辯護方之間的戰爭是相互競爭的情境化之間的解釋學戰爭。偉大的律師都是偉大的再情境化者、偉大的解釋學家！解釋學能夠解釋為甚麼《法律與秩序》延續了這麼久 —— 解釋學萬歲！沒有比這更高的讚美了！

我們説解釋學中發生的轉向是後現代的，是因為它踏上了跟笛卡兒尋找絕對確定性和數學方法的普遍規則時完全相反的方向。笛卡兒努力懷疑一切，從他的頭腦中清除所有可能會損害他對事物本身的觀點的預設。在解釋學中，那樣的做法被認為有些瘋狂：獲得真理不是通過沒有預設地逼近事物 —— 你能想像出這種情形嗎？—— 而是通過清除不恰當的預設（框架）並找到恰當的預設，那些能使我們理解被考慮的事物的預設。在背景之外，甚麼都沒有，沒有恰當或不恰當地組織事物的一系列預設，甚麼都理解不了。近代哲學家如笛卡兒等人採用的甚麼都不預設的理想製造了一個空空的頭腦的理想。"絕對"知識取消了知識首先可能的條件。甚麼都不預設導致甚麼都無法認識。競爭的不是絕對和相對，那是現代性努力兜售給我們的貨物，而是更加可行的和不太可行的"理解"或情境化。所以一個無辜的人總是能夠被弄得顯得有罪，或者相反，陪審團有時會搞錯，這就是為甚麼遮蓋理論有時遮蓋得住。我們不該努力儘可能少地預設，而是應該做出足夠的假設；理解需要一套堅定、敏感的、適合被調查的主題要求的假設。擁有一套用正確的光投射事物的假設，解釋學稱之為一個"解釋"，這跟"只是意見問題"——或只是計算有着天壤之別。解釋是洞見和感受我們面對的情形的獨特性的問題，而不是把這個情形交給一個方法或純粹理性的純粹虛構預先制定的一系列僵硬的規則。

我們需要一個靈活但仍有殺傷力的真理和理性的概念——我們顯然需要能夠在倫理學和物理學上說事情是對的或者錯的——但又不用把我們自己逼瘋，或者像齊克果和尼采那樣悲慘、瘋狂。我是說，"要麼絕對要麼相對"（理性和非理性）的對立是一個詭計，一個陷阱。那就讓我們來消滅它吧。我不會達到絕對和相對"之間"的中間立場。我不會努力折中妥協；我在努力"超越"（"後"）這兩種立場，或者寧願滑到它們的線之後，挑戰它們共有的預設。我提出，這正是"解釋"為我們做的工作。絕對主義假設，真理必須是沒有假設的；相對主義同意，真理就是這樣，並補充說"但那是不可能的"，所以喜歡甚麼就以為甚麼吧。解釋學說，真理不是不要預設的問題，而是擁有恰當的預設，避免錯誤的預設。

如果我們等待絕對從天而降，甚麼都不會發生。如果一位將軍在下命令前，等待絕對確定進攻的時間，他的軍隊就會被打敗。但如果他認為任何時間都跟其他時間一樣好，結果也好不了。如果戀人在求婚前等待絕對確定，求婚就會越來越少；但是如果他們在第一次約會之後就發誓會愛到永遠，因為他們感覺這可能會行得通，離婚率就會迅速上升。我們在愛情、體育比賽、戰爭、炒股甚至買水果時都達不到笛卡兒式的確定。不是要找出絕對主義和相對主義之間的中間點，而是要徹底搗毀那種對抗的模式，它已經造成了嚴重的破壞。現代性對確定性的癡迷非常精明，那是一種敲詐。獲取真理不是靈魂沉思柏拉圖上層世界中的純粹形式，而是人們通過練習培養受過訓練的眼睛 —— 判斷藝術、真正的朋友、科學理論、在市場上挑選水果 —— 在大部分情況下但不是永遠都能作出更好的選擇。後現代主義者認為，真理是好解釋和壞解釋、好理由和壞理由、富有成效的洞見和死胡同的問題。沒有甚麼是萬無一失的，或者如齊澤克所說，不存在大的他者（Big Other）。我們不能期待上帝、自然、純粹理性或街角的雜貨店提供保證。有趣的是，面對這一困境，是我們擔負起責任的唯一方式。當有人因為他的先鋒方式而指責德里達不負責任時，他慣性指出，完全相反。尋找一個規則去遵從，是極度的不負責任；那是努力避免作出決定，以便我們可以怪在規則的頭上。（我們只是在聽從命令——一個拙劣、蹩腳的藉口。）

"解釋學"（Hermeneutics）一詞源於古希臘的消息之神赫爾墨斯。基督教出現後，赫爾墨斯的職位就被《聖經》中跟他對應的天使們給搶去了，甚至今天天使們的職位也在被智慧手機奪走（雖然美國的民意調查說天使在美國忠實的信徒中仍非常流行）。[2] 今天，"解釋學"這個詞涵蓋了各種解釋理論。因此，說某個東西是真的，就是說目前這是我們擁有的最佳解釋，是我們對真理最好的呈現，是我們最好的觀點。沒有解釋就沒有真理，但擁有一種解釋並不能使它成真。如我一位朋友所說，我們不想最終陷入某種不停地攪動的相對主義者的渦流（我朋友大致是這個意思）。在民主社會，人們有權持有他們自己的意見，我們不能向員警報告說那些人認為（或者寫博客、發推特）真理只是意見問題，我們也不能援引教皇近來的通諭。但是我們在純粹解釋的基礎上讓他們的意見顯得很糟糕，我們用哲學家們今天所說的"好理由"代替了"純粹理性"。我們用好的解釋來揭穿差的解釋。說"好的"和"差的"，並不是把動機道德化或有指摘

2　關於赫爾墨斯、天使和智慧手機之間的溝通管道，當代哲學家中對我們最有教益的是 Michel Serres，我熱心地推薦過他的許多著作。

的意思；我們的意思只是可行的和不可行的，吸引人的和牽強的。我們堅決認為，有的解釋好於其他解釋，效果更好、更貼切。這不是相對主義，但它承認，真理跟人生一樣，是一個充滿風險的事務，它有一個重要的附加條款：更危險的是努力去消除所有的風險。

比如，如今我們忙着應付各種宗教原教旨主義，在論及進化論等東西時，它們都要求獲得跟科學一樣的權利——人人都有權持有他自己的意見。解釋學絕不會容忍這種情形，這種要求是一種解釋學災難，至少在兩個方面充斥着解釋學的混淆。首先是聖經解釋學（這是這個詞最早使用的地方）。嚴格地按照聖經來說，創化論是對《創世記》開頭章節的很糟糕的解釋，任何了解情況的信仰者都會對你這麼說。從歷史角度來說，它弄錯了年代，忽略了聖經敘事的特徵，它們是宗教故事、寓言，甚至是詩歌，而不是現代的科學論文。它對文本作了錯誤的假設，並且錯誤地決定要把文本還原為它的字面意義。決定字面意義確實很重要，但是拘泥字面意義，認為這是它唯一的、排他的或規範性含義，這是解讀上的一個嚴重錯誤。字面解讀是第一個詞，但不是最後一個。《聖經》跟其他文本一樣，有多重含義，只有其中一種是字面含義。在中世紀，人們尊重《聖經》引起的共鳴，他們說《聖經》包含多重含義——字面的、道德的、象徵的、神秘的等等。聖奧古斯丁說，要對聖經作多種不同的解釋，只要它們都是真的。事實上，許多人認為德里達對經典文本所作的一些異乎尋常的解釋是猶太教的特徵。他嬉戲的風格古代人和中世紀猶太人的米德拉西（Midrash）聖經註釋已經玩過了，拉比們倒立着，異乎尋常地解釋聖經、相互比拼。我們所說的一部聖經是對 biblia 一個誤導性的翻譯，它指的是各種書籍和經卷，是複數的，來自不同的時代和作者——比如創世故事是由兩個不同的故事組成的，相隔幾百年——適合多重解釋。簡而言之，當一個人說"這是上帝的話"，這是有人向我們提供了他們對"上帝"和"話"的解釋，以及對於他們以為的"上帝"的"話"的解讀。在解釋學中，原則上說，一切都要加上表示不該按照字面意思來解釋的着重引號（scare quotes）。解釋學是很嚇人（scary）的東西。創化論對均等機會的要求的第二個解釋學災難是，它是一種把解釋稱作理論的可怕的科學。理論很不簡單，不容易得到。如果你真的提出了一套理論，你可以署上你的名字，成為科學上不朽的人。所以大爆炸理論不"僅僅"是為其他替代理論比如"年輕地球創化論"（世界只有 1 萬年的歷史）開啟了大門的理論。更確切地說，大爆炸理論上升到了真正的理論令人興奮的水準，而創化論並沒有，為甚麼呢？因為創化論包含一個空間和時間之外的、非物質的存在（上帝），不能用數學的語言衡量它，也不能用經驗的試驗方法來檢驗，即所謂"填補空缺的上帝"。它沒有通過科學解釋的檢驗；它沒有上升到科學理論的水準。它不是一個錯誤的或者替代的科學理論；它根本就不是甚麼科學理論。實際上就像它是科學糟糕的解釋一樣，創化論是對聖經一種糟糕的解釋，對此在解釋學遊戲中，我們說沒有很好的理由去支持它。它既沒有可以依賴的聖經基礎，也沒有可以依賴的科學基礎。我們可以盡可能清晰、頻繁地作這種論證，但是我們不可以，也不會叫警員，或者轟炸創化論者建構他們論證的大樓，或者燒掉他們的書籍、把他們放逐到遙遠的島嶼上。

值得一提的是，創化論者採取的考慮欠妥的路徑，把聖經當做一個競爭性的科學理論，確認了我之前的說法：現代性編造的宗教範疇具有墮落的品格。那些反對進化論等東西的信徒，模仿的正是他們激烈反對的現代性。他們感染了笛卡兒式焦慮和尋求絕對確定性的晚期病例。他們吞下了現代性的這一觀念：真理嚴格地說是命題問題，結果就是他們把信仰縮減成了宗教命題之真的證據。這傷害了宗教經驗，只是成功地製造了一種可憐的對科學或理性的模仿。新教徒"聖經無錯誤"的觀念（拘泥於字句）和羅馬天主教"教皇不會錯"（確信）的觀念是現代性的虛構；它們是宗教中所說的"崇拜偶像"，在精神分析中叫"戀物"。他們完全依賴現代主義者關於真理的假設。它們是在現代性的框架中建構起來的，目的是用宗教的反確定性和反現代性來制衡現代自然主義和無神論 —— 但它們是宗教真理不共戴天的敵人。

一個解釋是一種建構事物的方法，對它們有一個"看法"，以某種光照射事物，把它們裝進一個框架或視域，會弄得更好（當解釋得欠當時）或更糟（當解釋得比較鬱悶或者很勉強）。解釋需要我們所說的判斷力、識別能力和洞察力。我們在評判相互競爭的角度、處理差異時必須非常有見地、非常熟練。在這麼做時，我們沒有不容更改的規則來決定採納哪些、排除哪些。在充斥着交流的多重含義的後現代世界，作解釋的人經常不知道他們在說些甚麼 —— 齊克果和尼采對此特別有先見之明 —— 雖然他們會上網。互聯網是名不副實的解釋的溫牀，雖然它也能提供資訊、具有解放意義，但它是後現代典型的含混，我們必須學會如何適應它。維基百科是正在發生的後現代轉向的好例子，它邀請公眾編寫詞條，同時努力監督上面貼的內容的可靠性。在大部分維基百科詞條背後，你會發現許多關於其內容準確性的活躍辯論，這些內容都是不拿錢的編輯和作者貢獻的。但是讀者要擦亮眼睛，在閱讀電子出版內容時眼光必須要敏銳，因為這些內容缺少新聞通常的規範和學術審閱。網上有許多便宜貨 —— 還沒有一雙新鞋貴的畢卡索的真跡，但你怎麼知道它們是真的？網上這麼說的。

重要的是，我們希望能夠判斷我們的差異，不只是個人之間的，還有集體的，我們信任對話和辯論的驅動力能使我們抵達某處，而不用天真地相信不失真的溝通。我們不想由員警或教會來告訴我們差別。解釋需要對材料的洞察力；必須要掙到和學到這些。解釋危險的地方在於 —— 當我們使用 "解釋問題" 這類表述時就會出現的危險 —— 解釋不是出自一條規則。如果一種解釋成功的話，它可能會帶來一條規則，但是我們沒有可以提出規則的規則，我們想出的規則只會持續到我們遇到下一個例外的時候，那時又需要一個新的解釋。規則不能一直走下去。但是解釋會 —— 簡單地說，這就是解釋學。面對完全不受規則支配的情況時的解釋技巧 —— 這是後現代情境下所有合乎情理的理性、真理和智慧觀的核心。

解釋觀念的貨幣價值是，它提供了現代主義者的大分裂之外的第三種東西，那些固定的對立，關於絕對和相對、理性和非理性、主觀和客觀的或此或彼的範疇，那是獲得確定性、消滅懷疑的壓倒一切、贏家通吃的戰役，啟蒙運動發起的殊死戰爭。解釋的優勢是，因為哪裏都找不到絕對，解釋就無所不在。科學家們通過解釋來工作，提出可以檢驗的、證明他們的洞察力和專業技能的假說。同樣的，道德決定也源於對境況獨特要求的解釋，康德宣佈的道德法則的普遍性就無效了，我們需要運用一些洞察力來應對獨特的情境 —— 而不是聽從康德愚蠢的建議，無論如何都不能撒謊 —— 哪怕你是在保護一個無辜的人，有人追殺他，他敲你的門請求你把他藏起來！

藝術作品也需要解釋。調查案件的偵探必須解釋線索，解釋別人是在撒謊還是講真話，審判時法官和陪審團必須解釋法律如何適用於當前的情境，以及被告人是否撒了彌天大謊。律師也一直在解釋陪審團如何對他們的論證作出反應。

我們的生命依賴於醫生對症狀的解釋。教師要解釋對學生很重要的主題，以及學生對課程所作的反應，同時學生在解釋老師的話。網球運動員要努力解讀她的對手的戰略，還有球的方向和速度，就像高爾夫球手努力解釋風的情況以及草地的坡度。政治家以有利於他們的方式操縱事實，所以我們在解釋他們的話時要考慮到這一因素。

　　一場普通的談話就是一場微妙的解釋工作，因為我們不僅要解釋對方使用的詞語的意義，還要解釋一系列非語言線索，如面部表情、聲調和肢體語言，所以視頻強過講稿。在電話中，我們必須專心聽那些不具形體的聲音。盲人培養出了對聲音和聲響細膩的敏感度。我們可以讓電腦來"解讀"正規的語言，但是"教"電腦辨別對話非正式的特徵就難多了（雖然近來有了許多令人感到緊張不安的進步）。每次我們去買東西，那都是一場解釋的冒險，要判斷成本、品質、用途，決定我們是否應該抓住機會，還是說這只是一種衝動型購物。解釋的身影無所不在。我們好像很自然地在這麼做，這是好事，因為解釋是運轉中的真理。

　　所以，我們高興地跟現代性努力強加的信仰和理性之間的分裂告別。解釋不是遵守規則的問題，但它一點也不非理性；它需要信仰，但它也不是一個宗教狂熱或盲目信仰的問題。在所有解釋中，信仰和理性攜手工作。我們要的不是絕對真理，而是充滿洞見的解釋；我們要的不是純粹理性，而是好的理由，那些能為我們做許多工作、可能會支撐一陣子的理由。我們非常信任好的解釋，而信任是信心，信心意味着信仰。記住德里達對聖奧古斯丁的重複：存在着比"信念"更深層的信仰，如一神論和無神論，它是理性和宗教的共同根源。所以解釋既不是隨心所欲的，也不是絕對的。有許多信仰被塞進了我們所說的理性之中，有許多好的理由被融入了我們解釋中的信仰裏。好的解釋是充滿洞見地解釋事物的方式。另一方面，糟糕的解釋站不住腳，早晚會垮掉，除非它們是權力（宣傳）強加的，既得利益者堅持要那樣解釋。但是我們必須小心，不要把嬰兒跟洗澡水一起丟掉。單單因為有人濫用權力、強加它們對事件的解釋（這通常都是為了繼續掌權），並不意味着解釋本身應該受譴責。

我發現，在討論解釋學時，得到對方注意力的一個辦法是，否認存在純粹事實。絕對真理的朋友們說，有確鑿的證據！事實就是事實，而解釋學家反對事實！說實話，如果那是一個"事實"，我們會認為它是真的，但是這並不能使它成為"純粹的"（未經解釋的）或絕對的事實。（提示："純粹的"意思是沒有上下文！）相反，確立事實唯一的辦法是通過解釋。甚至"事實"一詞（源自拉丁語的 facere，意思是"去做"）都走漏了這層意思。在最字面的含義上，事實是做出來的（factum），在這裏我們遇到了"製造真理"的另一個意思。這又使對真理忠實的朋友臉紅了。談話變得更火爆了！我們喜歡用來跟事實對立的"虛構"一詞有着類似的詞源，從 fingere，fictum 到 form（形成、加工），在解釋學上，我們非常樂於說，事實是加工出來的，意思是不是純粹不包含虛構的，受到了虛構的污染。我們不會區分加工的和非加工的，而是區分加工得好的和加工得差的，區分大膽的不一致和過於一致。絕對的朋友撕碎了它們的衣服，向天上尋找安慰。但是仔細想想這個問題。想想關於冰冷的事實的冰冷的事實。為了拿出事實，我們必須對這一事業作出貢獻，盡自己的本分。如果沒有付年費的話，它們不會在我們需要時出現在我們的門前。事實只幫助那些自助的人。我們說了，所有的理解都是解釋；理解就是把某個東西理解作（as）甚麼和甚麼。沒有這個"作"，甚麼都不會發生，甚麼都看不到。這個"作"提供了一個框架、背景和正確的假定。沒有"作"而去努力理解世界，就像使用電池耗盡了的遙控器。你換不了頻道；你甚至開不了電視機。

比如，問問你自己，你廚房裏現在有多少事實？對這個問題我們一笑置之；它沒有意義。為甚麼會這樣？因為我們盡自己的職責。我們還沒有設法問一個嚴肅的問題，雖然跟政治家一樣，我們的嘴唇在動。這是因為我們沒有限定參照系。事實是參照系挑出事實的活動，這意味着不存在純粹的、未經解釋的事實。但如果我們重組一下問題，問你的廚房裏能找出多少把刀，我們就可以想出一個答案，很有可能是正確的答案，它取決於廚房裏真的有多少把刀。當然，這是沒有保證的；沒誰說我們不會漏掉藏在洗碗機後面的那把刀，或者會爆發關於削皮器算不算刀的爭論。事實總是可以去檢查、修正、再情境化、重新描述、重新解釋。我們當前擁有的最佳資訊就是最佳解釋。相應地，否認存在着純粹事實不等於否認我們能把握現實，但這否認了許多荒謬的想法，它們對相對主義的幽靈感到非常氣憤，同時幻想着真理會從天上一位女神那裏落入我們的懷裏。3

尋找"純粹事實"根本不會得到現實，而加工得很好的解釋尋找的是具體制定的或框架下的事實，這樣的事實能夠穿越對事實的混淆。接觸未經解釋的純粹事實 —— 這裏我們以康德為例 —— 就像以為沒有風的阻力會飛得更自由的鴿子，這是幻想。解釋不是我們和現實之間的一道牆，而是牆上的一扇窗。解釋加工得越好、框架越好，我們從窗戶看現實看得越遠，就像是眼鏡擦得越亮，我們看得越清楚；汽車越好，我們開得越遠。我們越加工真理，我們得到的真理越多。解釋不是主觀的，如果說主觀的意思是任意或者把我們鎖在自己的頭腦裏。遠不是這樣。解釋會賦予我們一個角度，一個進入現實的角度，就像是一艘可以再次進入地球的大氣層而不會被燒掉的飛船，只有它選擇了正確的角度才能做到。一個目光呆滯的學生拿到作業後，讀了材料（我們在

3　這是早期希臘思想家巴曼尼德斯告訴我們的第一個關於真理的宏大故事，他在柏拉圖及之後整個的哲學傳統留下了印記。女神領着巴曼尼德斯沿着不變的永恆真理的道路行進，離開了可以變化的世俗的道路。在我看來，從那以後哲學家一直在挖掘這個誇張的故事。

解釋時會很大方），但是他沒有角度，沒有入口，沒有解釋。沒有解釋就會毫無頭緒。沒有角度，這個學生需要一個天使。

為了理解某個無需解釋的東西，我們就只能丟掉"作"，拒絕採納一個視角或角度。這被稱為採取"無源之見"，或者說上帝視角，源自四面八方的觀點。我們必須無所不知、無處不在、永垂不朽。這正是為甚麼後現代哲學家們指責現代哲學家自居為神，試圖假定一個對歷史或自然的上帝之眼的觀點，而不是承認我們都是"可憐的、存在着的個人"，如齊克果所說的，我們每次只能穿上一條褲腿。這也是齊克果為甚麼批評黑格爾冒充"絕對教授"。再次回到萊辛偏愛的上帝的左手。在傳統觀點看來，上帝是純粹的存在，而我們仍被卡在生成之中。我們是有限的、"事實"存在，如海德格爾所說，意思是我們是在某個時間和空間被拋到世界上來的，這不是我們自己的選擇，那是我們的起點，不管你是否喜歡。但那既是好消息也是壞消息：它既限制了我們的視角（我們不是上帝），也給了我們自己的視角（我們確實能夠達成一種理解）。我們都發現自己在特定的時間，都處於一個特定的空間，說一種特定的語言，有着特定的一套假設和慣用的比喻，它們是歷史和文化給定的一刻的結果，有它的語言、性別、宗教（或者沒有）、家和家人（如果我們幸運的話），對這些我們都沒有決定權。這意味着我們總是有一個盲點，我們不能超出自己的身體，從外面看它們，但是我們總是會有一個角度。我們的處境不僅會遮蔽我們，也會解放我們；它向我們開啟事物，賦予我們視角。

因為解釋不是從天而降的永恆的存在，它們就會變化，解釋這些變化是如何發生的，這是解釋理論最重要的特徵之一。大部分情況下，變化採取的形式是框架內部的變化，改善和糾正流行的參照系，把它調整為新的事件 —— 新的情境，出乎意料的結果 —— 蜂擁而來。但有時變化採取的是更加激進的形式，是框架本身的變化，當理解的框架或視域發生了轉變。有時遇到的事件流行的框架能夠容納，但有時它容納不了，這時事物會發生突然的、斷裂的、整體的變化。這就把我們帶到了語言遊戲和範式轉換中。

語言遊戲

解釋學是在歐洲大陸發展起來的，而啟蒙運動舊的純粹理性概念在英國和美國的命運也沒好到哪裏去，在這兩個國家邏輯學、數學和經驗研究享有一種驕傲的地位。對啟蒙運動來說，在盎格魯—美利堅被摧毀是一個殘忍的意外進展。"還有你，不列顛？"裂縫在蔓延。被分開的是純粹理性的概念，它意味着，比如科學，遵守純粹邏輯，它的進步源於穩步的逐漸增長，每一個新發現都是科學之前狀態的線性補充，同時純粹事實在脫離身體、價值中立、遵循證據的純粹法則的科學研究者面前集合。但是科學不是從天上掉下來的。它不是地球外的沒有血液的物種，沒有形體、出生在雲上的純粹和中立事實的觀察者的問題，那些人就像《格列佛遊記》中的拉格多科學研究院的科學家。

在英國發生的第一場震動是維特根斯坦提出“語言遊戲”這一概念的時候。[4] 所謂遊戲，他的意思並不是指好玩，而是任何受規則限制的活動，所謂語言他指的不是英語、德語或法語，而是屬於某些活動領域的話語。比如倫理學、物理學和政治學是不同的語言遊戲，就像我們談論“人壽保險遊戲”或藝術遊戲、教育遊戲。每一種遊戲都有專屬於它的規則，你不能用另一種遊戲的規則來判定這種遊戲，就像你不可以在足球中説“將死”一樣。當老師對學生説你沒有及格，學生就真沒及格，哪怕學生不同意 —— 根據教育遊戲的規則，除非他們是電影裏的演員，那是不同的遊戲。如果這讓你覺得平淡無奇，你再想想。維特根斯坦是在使他所説的“生活形式”的多樣性合法化，消滅了還原論者的論證 ——當有人説道德判斷“只是”神經元的激發。每當有人説 y“只是”x，我們解釋學家就會向門口走去。關於 x 他們是還原論者，無恥地這麼做就是 x 主義。一切都是 x 或 x 的一個版本 —— x 可能是性、科學、宗教、道德、經濟學、無意識或者今天的電腦程式。還原論是作弊，混淆一種遊戲的規則和另一種遊戲的規則。物理學和倫理學，神經生理學和藝術

4　維特根斯坦，《哲學研究》。

——它們是完全不同的遊戲，在它們之間分享了某種家族類似。宗教又是怎樣呢？它是我們在煤礦中挑選的金絲雀，是我們生態系統中的青蛙。它是另一種遊戲，有着它自己的規則。每一個都是一種"生活形式"，生活在其中順利進展，在其中一些事被説出和做出來。

後現代的意外進展是，不存在一切遊戲的遊戲，不存在所有遊戲都向它彙報的元遊戲，我們可以向它上訴來解決遊戲之間爆發的爭論。每一種遊戲都有它自己的完整性。這意味着不存在純粹理性，只有專屬於每一種遊戲的多種理性，我們不能用另一種遊戲的規則來判定一種遊戲是"非理性的"。所以如果啟蒙運動把純粹理性設想為一個判決各種爭論的高級法院，維特根斯坦説，不存在這樣的機構，只有管理它們自己的管轄範圍的各種地方法院。笛卡兒説，數學是所有的研究必須模仿的普遍模型，不管它是物理學、神學、倫理學還是政治學，維特根斯坦恕不贊同。事情比那複雜得多。真理就像遊戲中獲勝的一步，像下棋時的將死，但是對於不同的遊戲有不同的規則。就像存在着各種遊戲，也存在着一個真理的家族，小寫的、複數的真理，具有專屬於每一個領域的標準。不存在元語言，沒有一個跨歷史的、包羅萬象的遊戲、規則和故事，沒有理性的高等法院，只有各種生活形式中的各種好的理由。

維特根斯坦的觀點好的一面是，它把我們從啟蒙運動引發的幻覺中解放了出來，那種幻覺以為只有科學是理性的，其他一切都只是情緒，它描述了在不同背景（"遊戲"）如物理學和倫理學中去理解（擁有好的理由、聰明地行動）的不同方式。這種觀點的缺點有兩個方面。首先，如果你把遊戲的差別推得太用力的話，那麼每一種遊戲成為一個島嶼，我們就會回到一個新版的水桶思維和現代主義者的群島。正確的做法是使規則保持靈活、可以重新使用，並強調各種遊戲之間的"家族相似"。物理學和倫理學不是分裂為理性和情緒（非理性）；它們彼此類似，是在不同的框架下明智地行動的不同方式。其次，如果你過於強調遊戲的"規則"，它就成了保守主義和傳統主義的處方。比如，如果流行的管制說"我願意"的習俗或規則排斥同性夫婦，那就要拒絕按照規則玩，反抗它們，或者，用事件語言來說，要干預習俗，一種干涉主義，好比新鮮的比喻能篡改標準語言用法的規則。這就是為甚麼德里達有時會說反常構詞，一種顛覆或重新發明的做法，使事件得以發生，而不是我們說的性別的改變。有時事件採取的形式是在舊的遊戲中來一種新的走法；但有時事件採取的形式是發明一種新的遊戲，就像一件藝術作品如此先鋒，如此驚人地不同，它導致所有人都問，"但這是藝術嗎？"這種困惑在利奧塔看來是有益的，表明發生了新的事情，某種甚至可能會引發革命的事情。這就是事件，是庫恩提出的範式轉換完美的開胃菜。

範式轉換

一開始，在 1927 年，理性遭到了海德格爾的解釋學的重擊，接着，它又被維特根斯坦的《哲學研究》（1951）打爆了頭；最後，又來了湯瑪斯・庫恩里程碑式的著作《科學革命的結構》（1962）制勝的一擊。[5] 我跟維特根斯坦一樣，引用的是該書出版 50 周年紀念版。庫恩是哈佛大學的一位科學史家，他給我們帶來了那個現在很常見的表述"範式轉換"。舊的啟蒙運動被徹底打敗了。在庫恩之後，再也不可能忽視科學中的歷史背景了，意思是科學跟其他東西一樣，是同路人的工作，跟我們一樣的地球人的工作，在他們的解釋中也有激情和信仰。庫恩説，如果我們只關注純粹邏輯而不管歷史性的科學家的生活，我們就會誤解科學真理的本質。

他的書名中的"革命"一詞是庫恩用來表示跟政治革命的平行。這給科學哲學家們帶來了一陣衝擊。畢竟，政治革命不是很科學。我説哲學家們受到了震動，是因為大體上説科學家們不太注意哲學家關於科學的説法，泰然自若地開展着他們的研究。他們很少提及哲學，也不討論真理 —— 至少直到他們退休或者獲得榮譽學位之前，這時他們不得不談談哲學本身。（我敢打賭，如果能讓他們走出實驗室足夠長

5　湯瑪斯・庫恩，《科學革命的結構》第四版，附有 Ian Hacking 撰寫的導言（芝加哥大學出版社，1962，2002）。

的時間，來談論他們在幹些甚麼，聽說曾經有人以為他們不是凡人，他們會覺得非常有趣。）關於政治的類別令人不安之處在於，政治革命是受激情推動的男男女女領導的，或者是被沒有根據的傳言激起的自發的、難以控制的烏合之眾幹的，這意味着他們會被發動去做更糟糕的事，而不是為了更正義的事業，他們的成功取決於運氣和環境。庫恩承認，正是如此；科學和政治不是啟蒙運動教我們去認為的，是完全對立的，如果你查看科學如何展開的歷史事實就會發現這一點，或者說——這一修訂很關鍵——科學家如何開展他們的工作。這種觀點如此地有誹謗性，以至於庫恩被控是把科學移交給了"烏合之眾心理學"。[6] 庫恩點燃了舊的啟蒙運動的辯護者的導火線。他還不如告訴他們，他們要回到教堂，再次出生。他的異端是要挑戰現代性的核心信條：理性不可以跟信仰或感受混淆，不然的話，結果就是"非理性"。庫恩說的是，科學是一種更加柔軟的東西。理性和非理性是緊身衣。要看庫恩弄對了甚麼，可以假設我們一天早上醒來，發現有人在他的閣樓上發現了一部新的、迄今不為人知的狄更斯的小說。這會是大新聞；會成為文學報導的頭條。一大羣狄更斯專家會向這部手稿擁去，證實它的真實性，告訴我們它豐富了我們已有的許多關於狄更斯的知識。但是這樣的一個發現怎麼能跟喬伊斯出版《尤利西斯》時發生的事情相

6　Imre Lakatos，《批評和知識的增長》（劍橋大學出版社，1972）。

比？那確實是文學新聞，但它引發了混亂，使批評家們感到困惑，使許多人問，這真的是一部小說嗎？它算得上藝術嗎？我們不能讓專家來解決這個問題，因為，說實話，他們以前從沒看到過這樣的東西，他們之間也無法達成一致。庫恩提出的是，要解決這樣一個問題，他研究科學史時發現了這一問題，我們現在有理由認為到處都能找到這樣的問題。

　　庫恩的假說是，在任意給定的時刻，科學研究的狀態是圍繞着流行的範式而組織的，範式是指確定的一系列科學慣例，該學科的大師們已經使它們臻於完美，會向這一行業的學生傳授，這些規則控制着他所說的當時科學實踐的"正常"狀態。所以一個範式就像一個解釋框架，或者一種語言遊戲；它為特別的實踐提供了穩定的模型。正常的科學工作就在於填補丟失的部分，不斷地改善已經存在的範式（框架），就像他們在 19 世紀所說的那樣，把牛頓物理學帶到下一個小數點。庫恩當然不是在說常規科學是一片廣大的沙漠，沒有想像力的、慣例化的機器人在那裏重複他們在研究生院學到的東西。科學實驗處理的是科學事件，有着獨特的結果，而不是處理慣例化、無關緊要的資料。相應地，常規科學最優秀的實踐者的特點是激情和創造性，憑藉這些他們在範式內部走來走去，讓它起舞，所以範式一直很有生氣，一直在行動，在作出進步。但是總的來說，這種進步是直線的、遞增的，因為實驗仍在範式劃分的邊界之內，它逐步加以糾正和確認。因此真理的衝擊是以仔細斟酌的劑量來給予的，是調整和糾正，應對的是迷惑，但不會陷入眩暈。

這有別於科學"危機"的時代，科學危機會引發控制着現存範式的整個假設框架整體發生革命性的改變。我們可以在哥白尼、牛頓、達爾文和愛因斯坦（一個黑格爾可能會稱為科學的世界精神的名單！）實現的深遠的觀念轉變中看到這一點。比如，達爾文在生物學中引入了一個範式轉換，而剛剛發現的化石修改了智人的年代，糾正、改進、填補了已經存在的、仍然有效的人類起源模型，是對人類起源的科學重建。範式轉換更重大，也更難遇到，比這種情況更罕見。距離庫恩的原意最遠的解讀，也是他的批評者沒有領會到的是，以為範式轉換很容易就能發生，範式能任意地轉換，或者它們每天都在發生。實際上，他所有關於科學的動力的描述都反對這樣的轉換，無疑會這樣；庫恩強烈反對任何時候任何人被相對主義的幽靈嚇倒之後提出另外的觀點。庫恩說，這意味着，我們必須區分"革命性的"科學和常規科學，令人寬慰的是，革命性科學非常罕見，常規科學則不然。這一區分有效地取代了舊的絕對主義和相對主義的區分。在常規科學中，在科學的日常工作上，最優秀的科學家們更善於做所有人多多少少都能做的事情；在革命性科學中，最優秀的科學家做的是其他人沒有在做的事情。在常規科學中，範式是穩定的、被假定為正確的，所以當實驗結果跟範式矛盾時，我們會堅持範式，對不規則的結果表示懷疑。用政治比喻來說，這種懷疑是庫恩的革命理論中真正保守的傾向。它幾乎總是導致認為實驗中犯了一個錯誤,不然就是這種結果揭示了體系中一個更高的、迄今未知的法則,它們會改進並最終強化盛行的範式。

有一些近來的例子表明,頑固的、已存在多年的範式的抵制正在如何變化。2011 年,有一個關於光速的令人震驚的報導,以前人們認為光速是宇宙中的一個不變的東西,但這篇報導說,光速並不是不變的,實際上幾乎沒有品質的中微子前進的速度能夠快過光速。這一斷言受到了適當的懷疑,這一挑戰後來被歐洲核子研究中心的實驗鎮壓了下去。庫恩會説,結果應該就是如此,因為常態科學是規範,是藝術的穩定狀態,是我們擁有的最為根深蒂固、最受支持的敍述,而科學不會容忍大量認真的工作陷入日常危機。2012 年,歐洲核子研究中心的物理學家、參與確認了希格斯玻色子存在的法比奧拉·吉亞諾提説,這一粒子的發現實現了兩個結果:"一是解釋了粒子如何獲得品質,另一個是防止標準的模型失常。"這很好地闡述了庫恩關於常態科學的概念。科學家們不喜歡失常。他們不希望也不能容忍當前的範式失常。[7]

---

7 《時代》週刊,2012 年 7 月 23 日,第 35 頁。粒子物理學的 "標準模型" 是物理學中流行的觀點,是在過去七十年間建立起來的,它解釋了為甚麼宇宙不僅是一個沒有品質、以光速移動的粒子場,而是一個由原子、分子、人、星球、恆星等組成的。它揭示了基本粒子(費米子)通過相互交換能量(玻色子)而相互作用。標準模型預測了希格斯玻色子的存在但剛剛被證實,它解釋了粒子如何

但失常確實會發生。偶爾，一個異常的結果—— 一個事件——是如此難以對付，以致當前的範式陷入麻煩，如果關於中微子的結論反覆被確認的話，就會發生這種情況。那樣的話物理學就會失常，或者用庫恩的話來説，這將會引起一場科學"危機"，這是"革命"的時機，這意味着會發生"範式轉換"，這一説法如此的富於暗示、如此貼切，以致它已經進入了我們的日常語言，被其他學科廣泛採用。把握這種真理觀最關鍵的地方是，範式轉換可以發生於任何地方。路德促成了一場神學危機，畢卡索促成了一場繪畫危機，坎托促成了一場數學危機，等等。人類的實踐不是分為理性的（科學）和非理性的（其他一切），但每一種實踐都有常態和打斷常態的革命之分。

現在回到狄更斯和喬伊斯。發現一部新的狄更斯小説—— 一場事件——會補充我們對狄更斯的認識，但是 19 世紀英國小説這一類型或者狄更斯研究（解釋框架，狄更斯遊戲）這一分支仍然有效，被提高、擴展了，卻沒有陷入危機。庫恩會把這當作漸進的、常態的發展，利奧塔會用維特根斯坦語言遊戲的思維，稱之為舊遊戲新的步驟。另一方面，喬伊斯發明了一種全新的遊戲；他實現了一場範式轉換，對文

獲得品質。參見 Dennis Overbye，《追逐希格斯》，《紐約時報》"科學時代"，2013 年 3 月 5 日，以及 Brian Greene，《優美的宇宙》（諾頓，2003）第 123、198、381 頁。

學界形成的衝擊如此之大,以致之後小說和文學本身從此都被改變了。

如何解決危機呢?如果你想尋找規則,你會失望的。危機時代的規則不是規則,而是鼻子,比如能夠嗅到科學的未來的人。現在超弦理論很成熟,具有解釋力,但是沒有得到實驗確認,也不能產生預測。但許多人相信它。這是有些批評人士反對的暴民統治嗎?當然不是。這更像當所有人都很困惑時就叫一位專家來,因為通常的規則不管用。範式轉換如此困難的一個原因是,提出的新範式不是憑空而來,而是由於對現存框架的不滿,其經驗豐富的實踐者代表了一種新的觀看方式,看待事物的方式(解釋、解釋學)。它需要對現存範式、對當今最先進的科學有着極度的、直接的了解,甚至經歷了這種不滿,還要非常有創造能力,能夠想像出非傳統的理論。所以,範式轉換雖然沒有規則可循,但也絕不是任意的。危機不是用規則來解決,因為發生危機的正是規則。危機是通過洞察力、判斷力和敏銳的解釋來解決的。

確實,科學革命反映了有創造力的、基本的科學智力的活動,科學智力是摸索現象的可理解性的神經。這代表了對科學智力、"科學的預知"更大的展示,大於常態科學中展現的科學智力,因為常態科學沒有挑戰流行的範式。亞里士多德稱之為努斯(nous),洞見;而不是邏各斯,理性,他說要想擁有智慧也需要努斯。它是白熱化的科學智力,但不是啟蒙運動受規則控制的理性。反常（事件）造成的困惑非常關鍵，但是它並不是非理性的。這種困惑是一個讓人感到愉快的例證，它是一種解釋學情境，在其中突破逐漸成為共識，實驗證據慢慢增加，直到最後舊範式最年長的宣導者也同意、退休或去世了。對新範式下賭注（科學有一定數量的賭博成分）的異議分子們是先鋒，歷史會讓那些認為自己打賭新範式沒戲、自己穩紮穩打的人出醜。或者因為沒有證據確認，新範式逐漸消失，沒有其他人使用它，歷史證明擁護現存範式的人是正確的。真理是一個危險的事業。

我一點也不贊同那些認為這是相對主義的批評者（庫恩也不贊同），但是我的確認為我們後現代主義者，那些懷疑確定的對立的人，有責任去削弱範式轉換和逐漸轉換之間的對立。這畢竟是程度問題，是放大或縮小多少的問題。寫作是對口頭溝通的革命；打字是對書寫的革命；文字處理是對打字的革命。從那時起，一系列逐漸積累的轉換導致了今天的文字處理程式，使得我們 1984 年的古老的麥金托什蘋果電腦看上去就像完全不同的動物。2007 年，蘋果公司推出了 iPhone，它是對之前被稱為手機的東西的革命。從那以後，蘋果及其競爭對手鋪開了一系列的逐漸轉換，最終形成了另一場跟最早的智慧手機相比更大的轉換。接着到某個時候，另一場大的跳躍將更加革命，隨之以更多的新品。科學和技術領域是這樣 —— 以及藝術和倫理學領域。甚麼算作範式轉換，甚麼算作逐漸的轉換，這取決於我們採取的參照系、我們考慮的變化的大小，以及我們跟蹤的是短期還是長期的變化弧。

更讓我感興趣的是從事件的角度來思考真理。事件是對系統或框架的衝擊，有時流行的框架中會發生小的或者中等的衝擊，有時會發生重大的衝擊。這解釋了我對異端分子的興趣。在我關於宗教的著作中，我轉向那些神秘主義者、異議分子，以及讓正統框架或當權派感到頭疼的人。我的偶像是那些異端分子，每當我遇到正統、教條神學，我就做最壞的猜想。所以對我來說，庫恩是一位英雄，因為他犯下了反對啟蒙運動的最高的異端之罪。他招致的最憤怒的反應都配得上宗教法庭的嚴厲審訊了。在庫恩之後，一切都不同了，不是因為人人都成了庫恩主義者──那樣的話庫恩主義就成了正統神學──而是因為他干預進入"理性"的大本營─物理學，褻瀆了理性女神的純潔。在庫恩之後，忽略科學家具體的歷史環境的人都要自擔風險。

我不否認我在對庫恩行使一定的解釋學暴力。庫恩認為，援用"真理"一詞在解釋科學工作時會引起不必要的複雜化，從成功地解決範式內出現的問題的角度思考就夠了。我認為，更好的說法是，他在重新描述真理，他觸及真理事件，觸及真理帶來的震撼，以及真理對我們的吸引力，讓範式和真理相互對抗是不必要的複雜化。為了用牙齒深入現實，我們需要現實也需要牙齒，而範式就是我們的牙齒。

庫恩本人代表了一種事件，或者說一次範式轉換，他本人就是一次衝擊。啟蒙運動理性主義者對他作出激昂的反應，他們因為恐懼相對主義而逃竄，完美地證實了他的話——科學牢牢地嵌入了充滿激情的追尋。任何在意科學的人都始於激情。所以每當冷淡的啟蒙運動理性的辯護者冰冷的真理概念受到挑戰時，他們都會怒氣沖沖。在庫恩之後，我們開始以更加歷史地具體（黑格爾）、存在主義（齊克果）、充滿激情（尼采）和解釋學（海德格爾）的方式思考科學和科學家，這都是因為事件。庫恩的異端之處在於，認為當科學經歷一種驚人的改變時，經歷某種在現有的可能性框架內顯得不可能的事情時，它需要確定的信仰和激情才能渡過難關。總是會有傻子，就像總是會有窮人。總是會有"年輕地球"論者那樣的提出古怪理論的人。但是我們不應該因為這樣的人造成的挫敗感而迅速陷入笛卡兒式的焦慮，去尋找絕對的事物來痛擊他們。我只能重複地說，在解釋學—民主的制度中，我們最多只能使他們的論證看上去很糟糕。我們不能報警或者讓他們閉嘴。

在我看來，今天最有趣的科學哲學著作在英語世界是伊恩・哈金（Ian Hacking）的，在海峽對岸是法國歷史學家和科學社會學家布魯諾・拉圖爾（Bruno Latour）的，他們都試圖平衡歷史成分（被有爭議地概括為"建構"）和現實主義。[8] 科學把它的數學牙齒深深地咬入了現實，但是哈金和拉圖爾認為，這意味着我們既需要現實，也需要牙齒。簡而言之，沒有別出心裁的建構就甚麼也弄不成，但是建構不"僅僅"是建構，就像理論不"僅僅"是理論。顯然人類對重力不負有任何責任，但是要對"重力"即重力的概念和理論負有責任。但如果沒有理論 —— 這是為甚麼我們需要庫恩、哈金和拉圖爾這樣的人 —— 重力就不會引起我們的注意。我們只有在被作者寫進理論的情況下，才能理解現實，所以理論是有歷史的、可以被改變的，它不是像絕對的朋友們擔心的那樣是任意的，而是像科學和其他一切都遵循的那樣，是容易犯錯的、危險的。我們保留改變科學法則的權利，就像我們堅持開除民選政治家的權利。好的科學像民主一樣，需要一個事件理論。

我已經說過，範式轉換的思想能無限地裂變。關鍵是要看到，它適用於所有的學科以及學術研究之外。它消除了舊的絕對真理和相對主義之間的二元對立或理性和非理性之間的虛假選擇強加的勒索。當杜尚 1917 年把一個小便器放在一個基座上並宣稱它是一個藝術品時，我們可以說他實現了一場當代藝術的範式轉換（庫恩），也可以說他改變了藝術遊戲的規則（維特根斯坦），或者重新塑造了我們的解釋框

8　見 Ian Hacking，《甚麼的社會建構？》(哈佛大學出版社，2001)；以及 Bruno Latour，《潘朵拉的希望：論科學研究的現實》(哈佛大學出版社，1999)。

架（解釋學），這些在我看來都是談論事件的替代方式。他挑起了一場關於藝術是甚麼的辯論，是不是在藝術上"怎樣都行"。我們那時不知道這場革新能否持久，它會沒有結果還是將永久地改變藝術實踐，專家們也不知道；他們也沒有拿定主意。在藝術領域，跟其他地方一樣，我們看不到會發生甚麼，這並不等於怎樣都行。畢卡索參觀了一個展覽非洲面具的博物館。之後 20 世紀的藝術就煥然一新了。立體主義的第一件作品受到了當權派的嘲笑。《紐約時報》舉辦了一個比賽，嘲諷地獎勵任何能夠從畢卡索最早的作品中認出小提琴的人 10 美元。餘下的就是歷史了，《紐約時報》最終嚥下了它的驕傲，加入了接受這一風格的行列。收藏家阿爾弗雷德・巴恩斯積攢了許多印象派和後印象派畫家的作品，因為那時的當權派認為它們都是垃圾。這不僅反映了一種簡單的不贊同，而是範式之間的衝突。分歧不只是共同參照系中不同的判斷，而是不同參照系的差異。雙方反映的是這到底算不算藝術的差異！如果這真是藝術上的範式轉換，它會流行起來，造成一場運動，產生一個趣味共同體和眾多的實踐者。同樣的，如果這真是一場科學上的範式轉換，就會出現實驗的確證，其他科學家會採納它，用它來解決其他問題，它會變成新的最尖端的科學。不然的話，舊的範式會盛行，創新會失敗。

在道德生活上能看到同樣的結果。道德生活有其保守傾向。我們往往會抵制道德規範方面的變化，因為它們非常貼近我們的內心。這種傾向在前現代社會更加強烈，那時交通和交往非常困難，地方傳統是大部分人僅知的東西。那時重大的問題是決疑，決定具體的"案例"，想出我們如何把我們都贊同的規範應用於具體的情形。但是偶爾社會風氣會受到衝擊，不僅是不同的、困難的情形，而是使整個框架陷入麻煩的例外。到某個時刻，最古老的父權制的標準受到懷疑，其結果令保守派感到厭惡，就像質疑地心說遭到教會（教會因為在這兩個問題上都維護錯誤的一方而處於劣勢）的厭惡一樣。通常教會在應對這些事件時非常令人討厭。最終我們意識到，"男人生而平等"實際上的含義是"所有人生而平等"，這解釋了廢奴主義者提出沒有"天生的奴隸"時造成的衝擊，這是一個亞里士多德和聖保羅都視為自明的理念。類似地，"異性戀是性的真理"這一跟阿帕拉契脈一樣古老的觀念受到挑戰時，美國"聖經地帶"教派感到很受傷。如今加快了的生活節奏促進了這類創傷性的轉變，國家和大陸之間的旅行變得很平常，我們的歷史和生理學知識已經大大增加，新資訊可以馬上沿着電子高速公路被送到非常遙遠的地方。

現在我們更清楚地感覺到了命題性真理和意義更廣大、更包羅萬象的真理之間的差異。一種是根據被廣泛承認的正義標準 —— 現存的框架、流行的範式、語言遊戲的規則 —— 來判斷一個主張是正確還是錯誤。這帶來了更加確定但是多多少少受到限制的真理。另一種情況是標準本身動搖，框架受到質疑，或有人發明了一種新遊戲，或者發生了事件。這時成問題的是更大、更全面的真理，這種層面的決定是正確和錯誤、理性和非理性的規則解決不了的，它依賴於運用判斷力。一方面，存在着"正確"的真理，根據實踐者羣體都贊同的衡量標準判斷某個東西是否正確、是否正經（orthe）。還存在着事件的空間，在現存的範圍或種類、現存的語言遊戲或範式之內創新的空間，就像發現一種使用基因組地圖治療糖尿病或心臟病之後的興奮之情。這種創新是德里達所說的"同一"的發明，在現存的參照系或期待視野內的創新；他說這是"可能"的發明。另一方面，與此不同的是，我們區分了一種更激進地破壞和改變的真理，當整個視野發生變化或受到衝擊，當新的框架出現，當世界被重新發明。德里達把這種情況稱為"完全地他者的發明"，當事件是現有的框架完全沒有預料到或者完全沒有注意到的，在它的範圍內我們看不出會發生這些，認為它是不可能的。第一種是可能的可能性，第二種是德里達所說的不可能的可能性，最不受限制的事件的發生。

我要指出，在這裏德里達的語言有一絲宗教色彩，因為它會讓人想起《聖經》裏的一種古老的觀念，有了上帝甚麼都有可能。如果是這樣的話，我們可能要重複"上帝即真理"那個古老的觀念，只要"上帝"的名字被當作事件的可能性、不可能的可能性的名字。這樣做的優勢是，把上帝的名字放在革命的一方而不是反動的一方，用來指世俗的不可預見性而不是永恆，指生成而非存在，指事件的衝擊而不是現狀。用萊辛的話來說，這意味着上帝有兩隻左手，用黑格爾的話來説，上帝下來，跟我們其他人混在了一起。[9]

還有可能愛真理嗎？

今天還有可能愛真理嗎？我們是不是已經變得過於憤世嫉俗，過於後現代，以致不會愛上這樣的東西了？對真理和智慧的尋求是不是一種最好留給已逝的希臘哲人的一種多愁善感的追尋？或者我們可以用後現代的術語來"重複"這種觀念？我提議的真理觀是，作為一種使未來敞開的力量，在面對我們不知會發生的事情時跟信仰和希望緊密相連的東西。我呼籲停止現代性引發的一系列戰爭——宗教和世俗、信仰和理性、有神論和無神論之間的戰爭，以及人文和科學之間的戰爭。我所説的後現代主義的含義是，這些水桶漏水，這些對立是經不起詳細的檢查的。雷達下面有一種更朦朧、更撩人的東西在萌動，一種帶有宗教性質的事件。我提倡的是一個"新約"（我不會聲稱這個短語是我發明的），跟不可能的約定，在這裏宗教的意思是對不可能的激情。

我確定了真理的動力在於無限的敞開，而不是在安全、

9　在我的《上帝的弱點：事件神學》(印第安那大學出版社，2006) 一書中，我就是這樣做的，把上帝放在事件革命性的震撼一邊。

封閉的系統裏。除非我們承認我們真的迷失了，不然我們就無法搜尋。後現代世界的生活是一直在活動，對變化和事態走勢的不確定性有着敏銳的感知。如果我提倡的後現代主義是宗教的，那它是不會讓認信性宗教的信徒感到安慰的信仰。我的後現代宗教要求人們有信仰，抱有希望，相信未來會更好，不管他們是否有任何認信性的信仰。不然當代生活的激情就會收縮成固執的意識形態；信仰就會收縮成盲目的、必須遵守的信仰 —— 除非一個人甚麼也不相信。因為不停地在活動，我們就一直有讓激情分散、走神的危險，被消費主義的世界耗盡，退化為追逐私利。

對真理的愛屬於後現代情境，不下於它屬於早已死去的古希臘人。但我說的愛真理是未來引起的興奮，我們已知的東西向未知敞開，生活在知和未知、真理和非真理、可能和不可能的邊界。人類是邊界動物，活在中間，活在現在向未來的變遷之中。獲得真理要求我們承認我們會接觸到還不是真實的東西。當我們聲稱我們看到了的時候，我們必須同樣承認我們看到的會受到無法預見的東西的影響。當前的東西會暴露給正在到來的東西。真理事件會再次顯露、重新發明我們的生活。它重新開啟世界，改變它因此也改變我們，改變我們永不止息的後現代內心。不然當前把我們封閉起來，也封死了未來。

真理的運行伸展到我們存在的每一個角落和空隙，伸展到科學、藝術、政治和個人經驗，伸展到命題和命題以前及以後的世界，命題是世界的餾出物。當我說對真理的愛、對真理的愛慾或慾望時，我的意思是，這就是我們之所是，不是我們決定去做的事情。我說的是，一個人說這是真理時 —— 這是民主或科學，性或道德 —— 那個唯一真的解釋，真理的流動就被切斷了，邊界被封鎖，事件被阻止，解釋生活被壓垮，未來被關閉，取而代之的是對未來的焦慮。真理警員到來了。

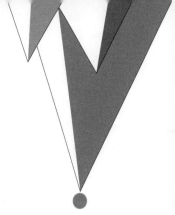

第 7 章　真理的未來

　　如果我們從這一旅程中學到了甚麼的話，那就是不要去管真理，讓它領路，以便我們可以跟隨。我們永遠都不知道真理接下來會做甚麼，任何人也都不能命令真理它該怎麼做。果真如此的話，一個很明顯的問題就是接下來該怎麼辦？我們要去向何方？將來我們如何對待真理 —— 或者更好的問法，既然真理有它自己的頭腦，真理會如何對待我們？真理能夠延伸多遠 —— 或者它會把我們延伸多遠？

　　用這本關於真理的小書中確定的術語來說，既然沒有關於後現代的最終或確定性的東西，我們現在需要問自己，"後現代之後是甚麼？"在這裏，我認為我們必須面對許多可怕的東西，無人機、機器人、半機械人，到奇怪到使得後現代的混合物如聖奧古斯丁和德里達顯得很乏味的東西。這就好像我們在《星球大戰》中剛在莫斯艾斯利酒館醒來。這種

我們必須為措手不及的作好準備的未來，被稱為"後人類"，
意思是技術對"人類"生死範圍的補充和改變。

後人類主義，或者後現代之後是甚麼？

　　我建議讀者不要得出結論説我們已經有了結論。完全
相反。如果真理把我們暴露給了不可預見的未來，哪本書都
沒有被合上。總是有必要就未來説些甚麼，讓書對未來打開
着，讓書暴露給未來。如果我敢給這本書取名為"真理"，
不能認為好像存在着這樣的東西，這個名字表示一個統一
的、已經完成的東西，在這裏呈現給讀者。相反，它宣佈了
一個許諾，吸引我們繼續，激發一場旅行；它呼籲某個東西
的到來。相應地，"真理"一詞指的不是某種確鑿的、大寫
的、讓人安心的東西，現在它激起的是謹慎、謙遜甚至是一
些不安，慎重地避免匆忙下結論，向不可預見的東西敞開，
願意冒險。所以我最後的想法，它遠非結論，是説今天，加
速變化的情況變得複雜、被增強和放大了。今天，旅行外部
的範圍已經從洲際變成了星際。速度的測度是光速。今天，
舊的美好的陸地已經變成了地球飛船，當太陽 —— 對古代人
來説它是不可改變的象徵和實體 —— 閃耀並熄滅後，地球注
定要滅亡。我們用地球和太陽、空間和時間、物質和人類生
活所表示的範圍都經歷了變化，這一變化的尺度我們尚未理
解。

我臨別前的問題是這個。我們所有人，北方和南方的、東方和西方的、男人和女人、富人和窮人，在面對變革性的我們幾乎無法想像的未來時，我們會變成甚麼？在正在進行的、持續不斷的成真的真理中，我們會成為甚麼？正在到來的真理的力量，已經被感受到的力量，是不是意味着人類的終結，以及某種奇怪的、令人不安的東西的開始？現在我們是否站在人類將被一種神秘的、幽靈般的繼任者取代的懸崖邊？對於這種情況，我們所說的哲學和它對真理的愛都沒有準備好。簡單來說，我的問題是，在後人類時代，人性的含義是甚麼？

後人類？那是何種沒精打采地走向伯利恆的動物？說實話，我剛剛說出了一個沒有我的幫助你也已經注意到的情況——當代世界目前正處於巨大的範式轉換之中。我們最可靠的猜測是，我們所說的“現在”今後將被稱為“資訊時代”，或至少是資訊時代的開始。資訊現在以思想的速度像《聖經》中的天使一樣，在空中流動，如同超音速飛機像文藝復興繪畫中的天使一樣在空中翱翔。一切都在被迅速地改變，我們以前所未有的速度活動着。好像連五十年前的生活都顯得很古老了，十多歲的孩子對他們的祖父母的頑強感到驚奇，他們的祖父母成長時使用粗糙地砍成的史前工具如黑白電視。人們隨身帶着智慧手機，這些手機的計算能力大大超越了大公司和聯邦政府二十年前使用的電腦的計算能力。連過去被齊克果和尼采無情地嘲笑的粉筆灰、象牙塔中的學者現在也置身於公司思維、遠端學習、電子聯網的後現代巨型大學中。資訊年代的比喻在每一個拐彎處突襲我們。今天我們很不經意地説東西被處理、編程、重啟 —— 教育、藝術、思想，任何東西。事物以前所未有的暴怒在活動，像宇宙本身一樣快，據説宇宙正在越來越快地加速膨脹。資訊技術的變化以指數速度在增加，我們每隔幾年就把處理器、晶片的記憶體翻一番（去維基百科上查一下"摩爾定律"）。我們甚至開始懷疑一切都是資訊，生命系統中遺傳信息的交換，構成物質世界的微粒之間的資訊交換。資訊在迅速成為我們的形而上學，海德格爾早在 50 年代就極有先見之明地指出了這一點，他甚至挑出了英語中的"資訊"一詞這一罪魁禍首。[1]

甚至連我們都越來越像資訊，所以當前的時代並不逃避稱自己為"後人類"。後人類像一個蜃景一樣在我們頭頂盤旋，如此巨大的範式轉變讓"後現代"顯得微不足道。我們生活在人類和後人類的幽靈之間的邊界上。後人類主義者是當真的。我們直到目前生活於其中的界限，前現代向我們保

1　馬丁‧海德格爾，《理性的原理》，Reginald Lily 譯（印第安那大學出版社，1991），第 29 頁。不幸的是，海德格爾對當代技術持反動態度，宣稱"科學不動腦子"。今天，海德格爾和後現代思維的傑出一代（德里達、福柯、利奧塔、德勒茲），他們都屬於前一個世紀，現在都已去世，他們受到了新的現代主義、唯物主義和現實主義的攻擊，指責他們未能思考當代數學物理學的進展。這一運動的先鋒是 Quentin Meillassoux；見他的《界限之後》，Rya Brassier 譯（Continuum，2008）。對這一運動批判性的評價，請允許我提及我的著作《上帝的堅持：可能的神學》（印第安那大學出版社，2013）。

證不會改變的類別，是上帝確定的，現代性向我們保證的範疇表是純粹理性的穩定結構 —— 出生和繁殖，衰老和死亡，身體和心靈，活着的和死的，自然和文化，物質和非物質 —— 這些都被無情地打破了，正在經歷激進的轉變，遭到根本的挑戰，在資訊科技的壓力下顯得漏洞百出、非常易變。

當理論物理學家越來越深入地探索亞原子粒子時，甚至連 19 世紀的唯物主義者都開始顯得有些非物質了，在亞原子粒子中物質和非物質之間的區別開始變得有些模糊。今天的物理學家提出的觀念過去我們認為只有聖靈預言家和秘法家才會那麼説。他們研究平行宇宙這一思想，意思是現在講述的從大爆炸到沉寂的故事可能只是我們的故事，是宇宙無盡的生成和毀壞中的一個故事，宇宙不停地生成和被其他宇宙生成。[2] 他們研究多重維度，可能多達 11 個。在 3D 電影和電視之外，想像有人從螢幕裏走出來，走進電影院！如果哲學的特徵是驚奇，理論物理學家們將要搶走哲學的驚奇的風頭，他們幾乎每天都在提出最不可能的事情。

在這一過程中，人類生活的基本範圍，做人的範式，開始動搖了，就好像在為深遠的變化作準備。我們在根據我們的 DNA 中包含的遺傳信息來研究我們身體的基本過程，

2　見 Paul J.Steinhardt 和 Neil Turok 合著的《無盡的宇宙：在大爆炸之外 —— 改寫宇宙史》（Doubleday，2007）。

遺傳信息系統控制着我們的身體，這種研究已經打開了一個基因治療的新世界。幹細胞研究設想長出新的器官，來代替有缺陷的器官。劍橋大學科學家奧布里・德・格雷領導的瑪士撒拉計劃，正在努力改變端粒的分解，這意味着把壽命延伸到幾百年。[3] 如果我們把染色體當作鞋帶，把端粒當作它們的頭，那麼防止衰老的方式就是防止鞋帶的頭散開來。我們在以各種方式用生物技術補品來維持和改變生命，預防疾病，推遲死亡，越來越把有生命的身體跟無生命的補品混合起來。我們脆弱的肉身正在有條不紊地得到生物技術替代品的強化。除了手持設備，我們已經開始想辦法把這些數位設備植入我們的身體。機器人曾經是科幻小說的領地，現在有了飛速的進步，正在穩步取代工作場所的人類，讓我們不安地想起庫布裏克科幻經典電影《2001：太空漫遊》中的HAL，它是飛船的大型電腦，有了自我意識，起來反對它的人類創造者。

當唐娜・卡拉韋創作《電子人宣言》(1985)時，她震驚了一整代人，她清楚地展示了生命和技術之間的嚴格界限正在破裂，這種劃分是可穿透的。實際上她描繪了三種"界限的倒塌"：技術和生命之間的界限、人類和非人類之間的界限，最後是物質和非物質之間的界限，這是形而上學和宗教

3　見 Aubrey de Grey，《終結衰老：能夠逆轉衰老的返老還童突破》(St Martin's Griffin，2008)。

非常警覺地巡邏的古老的邊界線。電子人是一個混合體，是生控體系統，把人和機器一起運轉，終結了笛卡兒開始的心靈和身體之間的戰爭。電子人是不虔誠的，是一種對上帝的褻瀆，是後性別的，沒有戀母情結。它代表了一種危險的越界。[4]

我們對變化和未來有着敏銳的感覺，它們前所未有地逼近我們，我們呼籲停止用物質和精神這樣的術語來思考人生時，轉而使用信號、神經元、數位化和資訊等術語來思考人生。難怪資訊革命的新範式已經產生了整整一代後人類預言家，使後現代預言家如齊克果和尼采顯得已經過時了。訪問一下奇點大學的網站，他們的未來學家說，預言未來的最佳方式是你自己發明未來。[5]《奇點臨近：當人類超越生物學》一書作者、奇點大學的聯合創始人雷·克茲維爾建立了奇點理論，根據摩爾定律電腦的能力會超過人的智力，他確定了奇點——他預測是在 2045 年。那時電腦將開始設計電腦，他和其他人預測，到那時有可能徹底把生命跟它的生物學基礎分開。（因為到 2045 年克茲維爾就 97 歲了，他目前服用大量維生素，以確保他到時候仍能尋開心。）機器人學家如漢斯·莫拉維茨正在開展上傳"意識"——現代性非常珍視

4　Donna Haraway，《半機械人宣言：科學、技術和 80 年代的社會主義者女權主義》，《Haraway 讀本》（Routledge，2004），7-46 頁。

5　奇點大學的網址：www.singularityu.org；另見 Kurzweil 所著《奇點臨近：當人類超越生物學》。

的一個範疇——然後下載到閃亮的新機器"身體"（沒有肉的身體）上，我們可以在這種身體上一直活下去。到那時生物進化會完全被超越的生物學覆蓋。人類的超越意味着超越人類。談談使不可能的成為可能！那將標誌着資訊時代是人類的生物學歷史的終結，以及後生物學的開始——這正是後人類最為字面的意思的根源。

後人類主義者以至今最為意外的方式，實現了古代宗教不朽的夢想，只要我們遠離磁鐵，擁有安全存放的我們自己的副本——就像《太空堡壘卡拉狄加》中復活的船。最後，未來主義者想像離開地球——談論離開！——與此相比哥白尼革命造成的震驚只會讓人露出微笑。我認為莫拉維茨和克茲韋爾帶給我們的是笛卡兒精神身體二元論更加耀眼的數位化版本。但他們是嚴肅、聰明的人，所以即使我們認為他們很邊緣，認為所有關於上傳意識的説法都是科幻（但要記住，對批判性劇變的第一反應是輕蔑的拒絕，而真理和虛構之間的區別並不嚴密），不能拒不承認在即將到來的資訊技術科學時代，我們的生活會發生的變化，而且這些已經在快速地改變一切。不論受到何種評價，後人類以這種或那種方式，不會僅僅在我們面前隱約地出現；它已經開始了；它已經開始了它的旅程，它的奧德賽。

現在，就像後現代主義者堅持的那樣，沒甚麼是清楚的，甚至連這種深遠的變化也不會對宗教解釋免疫。回到

20 世紀的上半葉，古生物學家和耶穌會教士德日進（1881
—1955）把進化的歷史解釋為意識不斷上升的複雜化。[6] 他
預計，這一過程將在他所說的"智慧圈"達到頂點，智慧圈
的意思是地球在思想層中被逐漸包圍，就像它被包圍在大氣
層中。德日進有一種黑格爾主義的色彩，這致使他把進化當
作精神的演化史，地球被包圍在精神之中。今天，好像某種
跟德日進的預測類似的東西正在成真，但不完全如他設想的
那樣。德日進認為這種進化的智慧圈最終會產生一個基督
圈，把地球包圍在他所說的上帝的心靈 —— 歐米加點 ——
之中，上帝既是阿爾法（希臘字母的第一個）又是歐米加（希
臘字母的最後一個）。當然，我們得到的不是基督，而是電
腦；我得到的是雲計算，而不是基督—意識的大氣層。今
天，無線資訊系統把相距遙遠的地方和人連接了起來，在地
球表面編織了一個輕盈、通風的資訊技術的毯子。這使得人
們之間在不斷進化的共同意識中的聯繫擴大，但也提供了前
所未有的監視和控制的能力，更不用說有那麼多孤獨、孤立
的人坐在他們的電腦前。

　　無論我們如何理解它，現在我們都站在後現代世界和後
人類世界之間的邊界上，後現代世界的變化和革命不管有多

6　德日進（Pierre Teilhard de Chardin），《人的現象》（Harper Perennial Modern
　　Classics，2008）。Teilhard 深深地受到了亨利・伯格森（1859—1941）的活力
　　論的影響。

麼不連續，它本身都是有連續性的，源於古希臘，發動它的是聖經文化，後人類世界是一個可怕的未來，我們知道的生命將被改變。在德語中，表示可怕的詞是 unheimlich，無家可歸，覺得奇怪、疏遠，還有一些害怕，它的意思在可怕的機器人身體和在地球之外建立人類殖民地的預測中得到了真正的實現。我提出過重複的模型，並把後現代當作前現代的重複，這意味着未來不僅在我們前面，而且也能在我們身後找到。但這個模型在我們思考後人類時還有效嗎？後人類是人類的重複，還是只是把它丟棄了？如尼采在《查拉圖斯特拉如是説》中所説，"人是一條繩索，被綁在野獸和超人中間……猿猴對人來説是甚麼？一個笑柄，一種可恥的東西。人對超人來説也是如此：一個笑柄，一種可恥的東西。"[7]

（寇比力克在《2001》中提到了尼采，用了《查拉圖斯特拉如是説》中的"日出"作為主題曲。）人類和後人類之間的中斷是否大到重複已經不可能？對外太空的探索是歐洲人五百年前對"新世界"的探索的重複，還是完全非塵世的？先進的資訊技術是不是"重複"了四百年前現代科學的誕生，那是不是我們史前祖先製作的工具的重複？新資訊技術的奇跡是不是宗教奇跡的重複（治癒，天使信使，復活，基督神秘的身體，等等）？宇宙之謎，多重宇宙，是不是重複了上

7　尼采，《查拉圖斯特拉如是説》，3-4 頁。

帝的神秘？在後人類世界宗教會是甚麼樣子？政治呢？藝術呢？我們是不是站在某種真正無法想像的、完全不同的東西之前？我們會變成甚麼？人類會向何處去？這是未來的哲學家們——更不用説其他所有人——將要面對的問題。

開始時我描述的世界是，我們在小小的地球表面四處奔波，在早上匆忙趕去上班，晚上又匆忙趕回家，被推來拉去，把多工做到了極致。現在讓我把鏡頭拉遠，非常非常遠。這個忙碌的小星球在太陽系中轉動，太陽系又處於銀河系的一角，宇宙的一角，宇宙可能只是眾多宇宙中的一個，它在快速走向熵耗散。從長遠來看，太陽將會燃盡，我們説的將是死去的語言。沒人知道我們在這裏。

當代科學對外面的宇宙的廣大已經有了許多了解，也了解內部的亞粒子不可想像的微小。宇宙在外面是無限的，在內部是極其微小的，我們在中間跟中等大小的物體生活在一起，跟這些無法想像的相反的量級順序中的極限作鬥爭。科學穩固地獲得的知識揭露了我們不知道的無限。如果真理是真理和不真實之間的轉變；如果真理在向尚未成真的開放中變得成熟；如果真理需要冒險暴露給我們不知道會發生的事情，它應該就是這樣。聖奧古斯丁曾經説："我成了我自己的大問題。"他以為當他在羅馬帝國開始往上爬時他知道所有答案，但是在他改宗之後，在面對上帝之謎時，他被迫面對他自身的謎。也許今天某個不可知的巨大的謎躲在別的名

字後面 —— 宇宙、多重宇宙、混沌宇宙。我們不可能知道資訊技術科學會把我們帶多遠，不可能知道目前科學知道的是多少，不可能知道生命能延長多少，生殖、衰老和死亡會發生多麼徹底的變化，我們會訪問多少個星球 —— 假如掌上型核武器或我們造成的某種環境災難沒有先毀滅我們的話。

後現代信仰

這把我們帶回了宗教，我不確定、不合規範、異端的宗教，測試真理用的宗教。現在我們前所未有地需要信仰，我說的不是信仰認信性宗教，我認為這種宗教需要根本的重新考慮，它們已經顯得異常疲倦，我說的是後現代對事件的信仰，相信未來總是更加美好。我的意思不是認信性宗教能夠拯救我們，而是更激進地使我們置身於危險之中的信仰。現在這種信仰前所未有地受到考驗。也許這正是我們現在需要的信仰，將來我們需要的信仰，會採取一種更加廣闊的形式，我們要用某種宇宙—詩歌的語言來表述它，想辦法唱出人性境況之歌，這首歌會顧及人類驚人的變化。也許用哲學和真理思考、表達的一切都太以地球為界了，需要在更加廣闊的背景中重新情境化 —— 重複。從星際的角度，我們會看到人類在地球上的生活事件是非常罕見、非常珍貴的時刻，在宇宙時間的幾秒間，在這裏在現在，宇宙突然出現感官生活和智慧，憑藉這些，宇宙中的一小片開始對自己念念不忘，並詢問它的"真理"，像歌曲的功能那樣，讚美自身並表示感謝。哲學最古老的特徵，它的驚異的起源，將在宇宙幅度內重複。後人類的含義不是人類的徹底毀滅，而是它的重複，它的重寫，它在宇宙舞台上的再情境化。

　　説實話，我們不知道我們是誰 —— 我們就是這樣的。這是我在有風度地離開舞台前奉上的一點智慧和一粒真理。我們不知道，我最後的想法、我的請求、我的祈禱 —— 我一直在祈禱 —— 是讓未知來緩和我們的已知並滋養對未來的信仰。我們知道得越多，我們越是知道我們很神秘。我們是那種想知道我們往何處去的人，一直在旅途中，一直在行進中。我們是宇宙中的一個小地方（也許只是許多地方中的一個），宇宙（也許只是眾多宇宙中的一個）留出了一個地方去做它的思考，在真理的名義下擔心和驚異它自身。想想年輕的尼采喚起的嚇人景象，他嘲笑這種宇宙遙遠角落裏的小動物，它們發明了"真理"等驕傲的詞，之後宇宙繼續前進，而這種小動物必須死掉。我發現這不僅是一個像尼采那樣，有益地嘲笑人類中心主義的機會，也是驚異於這個廣闊的宇宙片刻間為一點思想和語言、一點快樂和驚異、一點發明留出了空間。驚異無處不在，從我們身體中的亞原子微粒開始，據説它們源於古老的宇宙，已經有幾百萬年之久。我們跟恆星的構成是一樣的。我們是星塵，也將歸於星塵。這至少是我們被賜予的一種不朽。

　　我的解釋學箴言是，面對最糟糕的情況，我們能得到最好的結果，我在未知中發現了一種奇怪的愉悅，我對一種我沒有開口去要的禮物充滿感激，感激這種完全無償的存在，我不知它源自何處，也無法預見它去向何方，簡而言之，我感激的是事件。我們周圍和我們身上都有秘密。如果我們把生命看作一場旅行，那麼重要的是旅行的樂趣，我們並不急於到達終點。我們是一些宇宙運氣，是偶然，這意味着生命是一種恩典。這就是為何當生命因為不幸或人類的惡意而被揮霍或突然停止時，會令人非常傷心。恩典在成為超自然的之前是自然的，它之所以是超自然的，只是因為它是自然的，"超自然的"存在最好被視為一種誇張或一種讚美，是表達我們因為它而是多麼幸福。恩典會出現；它是一個事件。為了恩典我們不需要上帝，但我們需要給上帝的恩典，"上帝"是我們想出的一種表達、歌唱的方式，表達我們對恩典的感激之情，感激事件給予的幸福，在有或者沒有宗教中的上帝的情況下。恩典是高速度的詞之一，有着強大的力量和許諾，我們用它給事件、給發生在我們身上的事情命名。

最後一次回到我最初的場景，奧古斯丁跟一個被誤認為是無神論者的無賴聊到了凌晨。二人都是哲學家，只要"哲學家"的意思是"愛人"。不然這個詞就不適合描述他們，這兩個流着淚的愛人，這些永不止息的心，他們永不止息的心是他們共同的構成方式。對他們來說，研究哲學是一個愛的問題，真理是要去做的，它是一個危險的事業，一點也不令人安心。現在很清楚了，當我說到某種奇怪的、不合規範的

"宗教"或"愛真理"時，我不是在安慰人或者很多愁善感；我在説的是越過一道深淵。在我上演的戲中，奧古斯丁和德里達都承認了一個秘密，相互承認，他們不知道他們的慾望的真理，他們不知道他們在愛他們的上帝、欲求他們的上帝時，他們愛的、欲求的到底是甚麼。但是未知並不是他們慾望的終結；正是它推動了慾望前進，在他們心中激發了超越慾望的慾望。他們被出生時的偶然給區分開了 —— 一個是有時會説一些漫不經心的、異端的言辭的法國先鋒作家，一個是對異端分子感到憤怒的古代教士和神學家。但同樣的偶然把他們連接得更加緊密 —— 不僅有同一個祖國，同樣的橫穿地中海的旅程，還有同樣的懺悔或割禮懺悔的心。他們一個把這種偶然稱作"恩典"，是上帝親切地恩賜的"拿起來讀"遊戲；另一個稱之為"事件"，事件的撲克牌遊戲，有一點宇宙運氣。

我用真理所指的意思都在這裏了：他們的差異的真理發生於未知。真理處於他們承認的不真實之中，他們都暴露給了這種未知，使真理成為不是暴露命題，而是暴露痛苦、虔誠和含淚的敞開。他們被真理的力量撕開，推到了我們和他們都分不清恩典事件和事件的恩典的地步，這是因為"恩典"和"事件"是溶解於更黑暗的信仰深處的不同的信念。真理是這兩個追尋者是同胞，像我們所有人一樣 —— 都是同一個深不可測的真理、即將到來的真理的暗夜的兄弟。

進一步閱讀的建議

　　西方哲學家展開的關於真理的辯論的源頭可以追溯到古希臘。要閱讀古希臘哲學家埃里亞的巴門尼德（出生於約公元前 515 年）撰寫的哲學詩歌，可以去看 G.S.Kirk、J.E.Raven 和 M.Schofield 編著的《前蘇格拉底哲學家》第二版（劍橋大學出版社，1983）。其他必讀的文本有柏拉圖的《理想國》，尤其是第 10 至第 12 卷。Benjamin Jowett 的翻譯已經是公版，可以在網上找到。《奧古斯丁指南》（Mark Vessey 主編，Wiley-Blackwell 出版公司，2012）中收錄了當代首要權威撰寫的許多關於奧古斯丁的傑出論文。對奧古斯丁最好的通俗闡述是 Gary Wills 寫的。關於奧古斯丁跟德里達的關係，詳見《奧古斯丁和後現代主義：懺悔和割禮懺悔》，John D.Caputo 和 Michael Scanlon 主編（印第安那大學出版社，2005）。中世紀關於真理的討論的頂點，可以去讀湯瑪斯・阿奎那的著作，代表作收入了《阿奎那讀本：

湯瑪斯・阿奎那著作選》，Mary T.Clark 主編（Fordham 大學出版社，2000）。Mary Clark 也是一位非常可靠的奧古斯丁的闡釋者。

本書的註釋提到了近代早期和 19 世紀的哲學著作，對於這一時期有許多優秀的指南。對這一時期乃至整個哲學史一個比較老但仍很受歡迎的、可靠的研究是英國耶穌會士 Frederick Copleston 的 9 卷本《哲學史》（Oates & Washbourne，1958—1975）。了解齊克果的一個很好的方式是，把他的傳記和他的著作交織在一起，這一點 Alastair Hannay 在《齊克果傳》（劍橋大學出版社，2001）做得非常熟練。尼采也一樣，我推薦 R.J. Hollingdale 的《尼采：其人和他的哲學》第二版（劍橋大學出版社，2001）。至於德里達，Peeters 寫的傳記（參見本書第 70 頁註釋）非常有幫助。德里達在《馬刺：尼采的風格》中詳細解釋了跟對尼采的解釋有關的一種真理概念，法英對照本，Barbara Harlow 翻譯（芝加哥大學出版社，1987）；但是這本書非常難懂。要了解歐洲大陸對真理的討論，馬丁・海德格爾的《論真理的本質》是一部當代經典，也許是最基本的讀物，收於《海德格爾：基本著作》，David Krell 主編，第二版（Harper & Row，1993），總的來說這是一個非常好的選本。

以命題真理為核心同時對後現代主義者評價最低 —— 把他們當作相對主義者 —— 的比較清楚的著作是 Harry

Frankurt 的《論真理》（Alfred Knopf，2006），這本書是他的《論扯淡》（普林斯頓大學出版社，2006）的續作，《論扯淡》也很值得一讀。在這一光譜的另一頭，理查・羅蒂在《哲學和自然之鏡》（普林斯頓大學出版社，1979）中為實用主義者的觀念辯護，他說所謂真理，不過是我們對那些無須人們認可的句子所表達的恭維。

對於我用來測試真理發生的變化的現代性的真理和宗教問題，查理斯・泰勒在《世俗年代》（Belknap，2007）一書中作了敏銳的討論，雖然篇幅很長。對於今天信仰和理性之間的辯論的最新版，參見哈貝馬斯和 Joseph Ratzinger（教皇本篤十六世）所著《世俗化的辯證法：論理性和宗教》（Ignatius，2007）。哈貝馬斯堪稱如今歐洲最傑出的啟蒙運動工程的辯護人，他還是阿多諾和霍克海默創立的法蘭克福學派的首領，這一學派致力於尋找擺脫韋伯描寫的除魅困境的出路。

要想具體地了解作為生活方式而非教義或跟超自然事實對應的命題體系的宗教，最好的讀物是兩部小說，Marilynner Robinson 的 Gilead（Picador，2004）和 Home（Straus and Giroux，2008）。